〝投資信託・ファンドラップ・債券・株〟損をする本当の理由と賢い選び方

証券会社出身者が教える資産運用の真実

㈱アンバー・アセット・マネジメント
代表取締役社長
友田行洋

産經新聞出版

はじめに

〝投資信託・ファンドラップ・債券・株〟で損をする本当の理由について、そして、証券業界の不都合な真実について、誰かが声をあげなくてはいけない、とずっと思ってきました。

資産運用のプロ中のプロであるはずの証券会社や銀行がお勧めする金融商品で、なぜ損をする人があとを絶たないのでしょうか?

「毎月分配の投資信託でお小遣いをもらっていたつもりが、元本が減っていた」

「ファンドラップ口座を5年続けているが、株価が上がっている割に資産が殖えない」

「トルコ、ブラジル、南アフリカの債券を買ったが大損した」

老後の減らしたくないお金を少しでも有利に殖やしたいと願い、証券会社や銀行で資産運用を始めたもののうまくいっていない、と嘆く方は少なくないようです。

加えて、証券会社や銀行の対応そのものに不満を持っている方も多いようです。

「メリットは一生懸命説明するけれど、リスクや手数料についてはサッと話すだけ」

「新商品を勧める時だけ連絡してきて、その後のフォローがない」

「担当者が次々に代わるし、人によって言うことが違う」

顧客第一を掲げているはずの金融機関に、なぜこのような不満が向けられるのでしょうか？


私は証券アナリストとして、これまで4000人以上の個人の資産運用にかかわってきました。結論から申し上げると、大手金融機関で継続的に取引をされている方で期待通りの成果が得られている方は少数派です。
・大事な資産を減らしたくない
・有利な運用方法があるなら、それで資産を殖やしたい
・大手の金融機関なら大丈夫だろう
・資産運用のプロに任せれば必ず成果を出してくれるだろう

といった期待を込めて、皆さん金融機関に資産運用を任せるのですが、その結果は惨たんたるものです。なぜなら、そこには金融機関が教えてくれない仕組みがあるからなのです。

例えば、パンフレットにはその金融商品の魅力やメリットが図表付きで分かりやすく書かれています。しかし、危険性やデメリットについては、裏面の隅に小さな文字で記載されているだけで、かつ内容は素人が理解するには難しいものです。さらに恐ろしいのは、危うい金融商品を安全なものと思い込む人があまりにも多いことです。

なぜこのようなことが起こるのでしょうか？

それは一言で申し上げると、金融機関と（顧客である）個人投資家は利益相反関係にあるからです。金融機関には、なるべく多くの手数料を稼ぎたい、売買を繰り返すことで何度も手数料を稼ぎたい、という意識が強く働いているからです。

私は、証券業を通じて、広く社会に、世界に良い影響を与えられる仕事がしたいと志し、証券会社に入社しました。しかし、理想と現実は大きく違っていました。証券会社では、多くのお客様に損をさせてしまった経験や、期待に応えられなかった経験もしました。

かつて、証券営業担当者を務めていた時にリーマン・ショックが起こり、その直後に転勤することになりました。社内的には通常の人事異動だったわけですが、それまで私を信頼してくれていた顧客からすれば、「これだけ資産が激減している最中に転勤するなんて無責任だ」と思われたことでしょう。また、ノルマとして販売を命じられる商品の中には、家族には絶対勧めないようなものも多くありました。

これらの経験を通じ、「お客様には自分が家族に誇りを持って勧められるものだけを提供したい」「お客様とは本音で向き合い、長く責任あるアドバイスを届けたい」という想いから、中立的な資産運用アドバイザーの会社を創業しました。

「中立的な資産運用アドバイザー」とは、特定の証券会社や銀行におもねることなく独立中立的な立場で顧客に資産運用アドバイスをする金融のプロで、米欧ではいまや証券会社のアドバイザーを超えるほどに増え、資産運用の相談相手として主流になっています。

そして、中立的な資産運用アドバイザーとして冒頭にあるような悩みを持つ多くの方々にアドバイスをしてきました。証券会社の内側も外側も知っているからこそ分かった「〝投資信託・ファンドラップ・債券・株〟で損をする本当の理由と賢い選び方」を個人投資家に紹介しているのです。

これからお伝えする事実を知って、今まで思い描いていたこととのあまりの違いに混乱したり憤慨したりするかもしれません。

ですが、不安に思う必要はありません。たとえ、これまで資産運用がうまくいかなかった方でも、正しい方法が分かれば今からでも軌道修正が可能です。

本書では、多くの方が陥っている罠《わな》を解き明かし、資産運用で不幸になる人がいなくなることを願い、書きあげました。

とくにリタイア世代にとっての資産運用は、将来の生活に大きく影響する重要なものです。すでに資産運用をされている方も、これから始めようという方も、本書でぜひ正しい資産運用の方法を身に付けていただきたいと思います。

２０２１年６月

友田行洋

はじめに　2

序章
大手証券会社を退職したからこそ語れる本音　13
■著者の自己紹介と創業の経緯　14
■本書の全体像　23

第1章
絶対避けたい失敗事例と対策　25
■資産運用において絶対に避けたい失敗事例　26
❶毎月分配型投資信託　27
■毎月分配型投資信託の分配金は解約金　27
■分配金健全性診断コンパスⓇ　31
❷ファンドラップ　39
■ファンドラップは手数料が二重取りで高い　39

■長期保有したが報われなかった 44
■金融庁も「コスト高」を問題視 45
❸新興国債券（トルコ・ブラジル・南アフリカ等）……47
■新興国債券は金利が高いのになぜ損をするのか 47
❹テーマ型投資信託……53
■テーマ型投資信託はリスクが集中し、高値づかみになりやすい 53
■テーマ型投資信託と長期分散型投資信託の比較 60
❺リート（REIT、不動産に投資をする投資信託）……63
❻その他の失敗事例……66

第2章 証券会社・銀行で資産運用をする際に気を付けるべきこと 71

■証券会社・銀行のこのような手口に要注意 73
■証券会社・銀行の構造的な問題 80
■資産を守るための魔法の質問 89

第3章 米欧では独立金融アドバイザーに相談するのが当たり前 93
■独立金融アドバイザーの特徴 95
■アメリカでは独立金融アドバイザーが最大勢力に 101
■［金融庁 金融商品仲介業］で検索 105
■分別管理で資産が守られるので安全 107
■提携先証券会社 109
■手数料や費用など 110
■手数料の一例 112
■インターネットは不要 114
■デメリット 114
■まとめ 117

第4章 日本における独立金融アドバイザーに相談する価値 119

■日本の独立金融アドバイザー 120
■日本独立金融アドバイザーフォーラム 122
■日本独立金融アドバイザーフォーラム第１回（２０１７年） 124
■日本独立金融アドバイザーフォーラム第２回（２０１８年） 125
■日本独立金融アドバイザーフォーラム第３回（２０１９年） 126
■弊社にご相談いただく価値、メリット 127
■無料個別相談の特典 136
■個別相談が有益な方とお断りするケース 139
■ご相談方法、ご相談場所 140
■申込方法 141

第5章 独立金融アドバイザーの顧客の声 143

■お客様インタビュー 鵜飼一嘉様・齊藤豪様 144
■お客様インタビュー 小嶋悠美子様 151
■お客様インタビュー 塩野善男様 156

■お客様インタビュー　野沢秀雄様　163
■お客様インタビュー　安本寅済様　167
■経験者から学ぼう！　個人投資家の本音トーク講演会　170
あとがき　178

序章

大手証券会社を退職したからこそ語れる本音

■著者の自己紹介と創業の経緯

初めに著者の自己紹介と創業の経緯についてお話しさせてください。

どのような経験を積んできた人間が語っているのかを知ることで、本書の主題をより深く理解できるからです。

あなたにとって本書がどのように有益な情報となり得るのか？　について、背景をお話しさせていただきます。


私は大学卒業後に大手証券会社に入社しました。

入社後、最初の仕事は新規顧客開拓です。

名刺を山ほど渡され、会社も個人宅も片端からアポ無し訪問をするのです。

「名刺交換させてください」

「5分だけお時間をください」

と、1日100件近く飛び込み訪問をするのですが、ほとんど断られ続けます。

しかし、毎日継続していくうちに徐々に話を聞いてくれる方との出会いが増えていきます。

「ちょうど証券会社の担当が転勤になって、新しい人と相性が悪い」

「株券電子化って何か手続き必要なの？」

などのきっかけを貰い、そこから少しずつお客様ができていくのです。

ゼロから新たなお客様と信頼関係を作ることは非常にやりがいがありました。

よく食事にもお誘いいただき、そこで人生の先輩として色々な話を聞かせていただきました。

「日経マネー」30周年シンポジウムに登壇

ところが入社3年目が終わる頃、突然、転勤の辞令が下ります。

ちょうどリーマン・ショックで株価が大きく値下がりしている時だったので、結果的に
「友田さんがいい方だと思って運用を始めたのにこんなに株価が下がっている時に転勤してしまうのですか？」

とおっしゃる方もいました。

何も不満をおっしゃらない方でも心の中では期待を裏切られたと感じた方はいらっしゃったと思います。

私も会社都合の転勤は顧客に対して不義理だと感じました。

この経験から、

「証券会社にいる限り、また同じように転勤を繰り返すのだろうか」

「顧客と長期で付き合える仕事はないのだろうか」

と考えるようになりました。それが起業を考えた一つの理由です。

もう一つ起業を決意した理由があります。

私は22歳の時に読んだ京セラ創業者、稲盛和夫氏の著書『生き方』に大きな影響を受けたためです。

特に「利他の心」で生きるという考え方に強く共感しました。

歴史に名が残る名経営者の様々な経験を通じて得られた人生訓として、深く心に残りました。

仕事を通じて顧客に感謝される価値を提供し、社会に良い影響を与えられる存在になりたいと考えるようになったのです。

そのような職業人としての矜持《きょうじ》を持って仕事に励んでいたのですが、この価値観と相容れない仕事を強いられる場面が増えてきたのです。

それは家族には勧めたくないノルマ商品の販売です。

新人の頃は会社が推奨する金融商品を良いものと信じて販売をしてきました。

自分が販売している金融商品のことを深く理解したいと考え、証券アナリストという専門資格を取得しました。

すると、これまで気が付かなかった金融商品の本当のリスクやデメリットがよく分かるようになってしまったのです。

メリットとデメリットを天秤にかけた時に、自分だったら買わない、家族には勧めない商品が多いことに気が付いたのです。

多くの証券会社も手数料を稼ぎ続けるために、毎月販売しないといけないノルマ商品が決まっています。

これから先、自分なら買わない商品、家族には勧めない金融商品を顧客に売り続けるのは、私の生き方として絶対に受け入れられないと思ったのです。


このような想いが色々と積み重なっていき、

「顧客と正直に向き合い、長い付き合いができる仕事をしたい」

「自分で起業し、顧客と理想の関係性を築ける会社を作ろう」

と25歳の時に決意したのです。

当時は知識も経験も資金も何もない状態でしたが、30歳までに起業する、という目標を立て、全力で準備を続けてきました。

まず自ら起業勉強会を立ち上げ、毎月さまざまな会社の経営者に講師として来ていただき、創業から現在に至るまでの失敗と成功について教えていただきました。

そして資産家ビジネス研究会を立ち上げ、会計士、弁護士などの各士業の先生をはじめとして、資産家向けの税対策や不動産、相続、保険等のビジネスを行っている専門家同士のネットワーク作りに励みました。

また証券会社ではノルマ商品ではなく、新規開拓分野を中心に社長賞表彰を8部門で受賞するなど、本業でも申し分ない実績をあげることができました。

しかし、どれだけ準備をしても理想の会社を築く方法を見つけることができませんでした。

朝から晩まで、土日も含めて、努力は120％しているものの起業の糸口が全く見えず、この頃が一番精神的にきつかったのを覚えています。

そんな四苦八苦をしている時、ついに運命の出会いが訪れました。

同期の結婚式で久しぶりに入社当時の仲間達と再会した時、その同期の一人が証券会社を辞めて転職するというのです。

どのような会社に転職するのかと聞いたら、

「独立金融アドバイザーの会社に転職をする。アメリカでは証券会社よりも一般的になっていて日本でもそういう独立系のアドバイザーが増えている」

と教えてくれました。

私がずっと証券会社で感じていた

「転勤のない、長期で顧客と信頼関係を結ぶ方法はないだろうか?」

「ノルマ商品の販売ではなく、家族に勧められる商品だけを提供する方法はないだろうか?」

という課題を解決できる仕組みであることにすぐ気が付きました。

そして、２０１４年、目標としていた30歳で証券会社を退職し、独立金融アドバイザリー会社を創業しました。

創業後は、証券会社から離れた立場だからこそ語れる、資産運用で失敗する本当の理由と対策についてセミナーを開催しました。

すると、証券会社での取引に不満を持つ個人投資家の方から、「証券会社では教えてもらえなかったことや、失敗した本当の理由がよく分かった」「中立的なアドバイスが受けられるのは素晴らしい」「転勤がなく、長く付き合えるのが嬉しい」と評価を頂くようになったのです。

そして証券会社との取引を停止し、弊社との取引に切り替える方が増えていきました。

創業以来89カ月連続で顧客数が増加し、弊社が仲介する預り資産は260億円超、全国6カ所にオフィスを構えるまでに成長することができました。

また日本経済新聞を始め、全国紙やテレビ、ラジオ、雑誌など、多数のメディアに取り上げていただけるようになりました。

社員は全員5大証券出身者です。

野村証券、大和証券、ＳＭＢＣ日興証券、みずほ証券、三菱ＵＦＪモルガン・スタンレー証券から続々と転職をしてきてくれています。

皆、私と同じように証券会社と顧客の間に挟まれてジレンマを抱えていたのです。

弊社の社是「正しい仕事で人を幸せにする」と企業理念「家族に自信と誇りを持って勧められる商品・サービスだけを提供する」に深く共感し、志を共有できる仲間だけを採用しています。


今後は徐々に47都道府県に進出していきたいと考えています。

全国各地に同じように悩んでいる方、困っている方が大勢いるからです。

日本から資産運用で失敗する人をなくし、逆に資産運用を通じて人生を豊かに過ごせる人を１人でも多く増やしていきたいと思います。

長期的には独立金融アドバイザリー会社として圧倒的な日本一となり、大手証券会社を超える存在になることを目指しています。

以上のように、私は大手証券の内側と、創業後は外側で証券資産運用の実務経験を誰よりも積んできました。

この経験を踏まえて、資産運用をする人に絶対知っておいてほしいこと、失敗しないための原則、賢い資産運用との付き合い方について解説していきたいと思います。

■本書の全体像

第1章は、あなたがお持ちになっている可能性のある金融商品について、避けるべき失敗事例と対策を具体的に解説しています。

第2章は、証券会社や銀行との付き合い方について知っておくと役立つことを本音で語っています。

第3章は、第1章と第2章で解説した問題を解決するための方法として、米欧で普及している独立金融アドバイザーの活用について説明しています。

第4章は、日本において独立金融アドバイザーに相談することのメリットと方法についてです。

第5章では、日本で独立金融アドバイザーに相談した実際の顧客に体験談を語っていただいています。

第1章

絶対避けたい失敗事例と対策

■資産運用において絶対に避けたい失敗事例

まず第1章では、絶対避けたい失敗事例と対策について解説させていただきます。全てあげようとすると何百とあるのですが、代表的なものを取り上げます。

絶対に避けたい失敗事例

①毎月分配型投資信託
②ファンドラップ
③新興国債券（トルコ・ブラジル・南アフリカ等）
④テーマ型投資信託
⑤リート（REIT、不動産投資信託）
⑥その他の失敗事例
・日本株式
・公募株式

・米国株式
・外貨建て保険
・仕組債（日経リンク債、株価連動債、ＥＢ等）
・ブルベア型商品、レバレッジ・インバース型商品

❶毎月分配型投資信託

■毎月分配型投資信託の分配金は解約金

1つ目の失敗事例は毎月分配型投資信託です。

この商品は、分配金がタコ足になることがある、というのは聞いたことがあるかもしれません。

タコ足になることがあると分かっていても、分配金が定期的に振り込まれてくると、ついそれらが利益だと錯覚してしまうのが人情です。

曖昧な認識のまま保有を続け、損失を拡げてしまう方も多いのです。

例えば、１０００万円分の投資信託を購入し、毎月10万円の配当が出てくるとします。

証券会社の営業担当者に

「年間で１０００万円に対して１２０万円、年率12％の高い利回りが得られますよ」

というようなセールストークで勧誘されることが多いようです。

この分配金と言われているものは、本当に「利益」なのでしょうか？

分配金という名前がついていると利益のように聞こえてしまいますが、実質的には投資元本の一部を解約したお金を振り込んでいるのです。

１０００万円の投資元本は当然増減しますが、分配金が10万円出るとき、銀行口座に10万円入金されるのと同時に、投資元本の方も10万円減るのです。

この10万円は利益とは限りません。投資元本の増減にかかわらず、投資資産の一部を解約し、分配金という名目で10万円振り込むのです。

実はこういった手法はアメリカ、イギリス、フランスでは禁止されています。

銀行に振り込まれるお金を利益と勘違いしてしまう人が多く、個人投資家にとって不利益になりやすいからです。

分配金の基準を国ごとに図に表すと次のようになります（図01）。

投資元本よりも上の部分、配当金利収入のような安定して入ってくる利益から分配するのがイギリス、フランスのルールです。

そして、投資元本より値上がっている部分から分配していいというのがアメリカのルールです。

これらに対し、日本のルールには明確

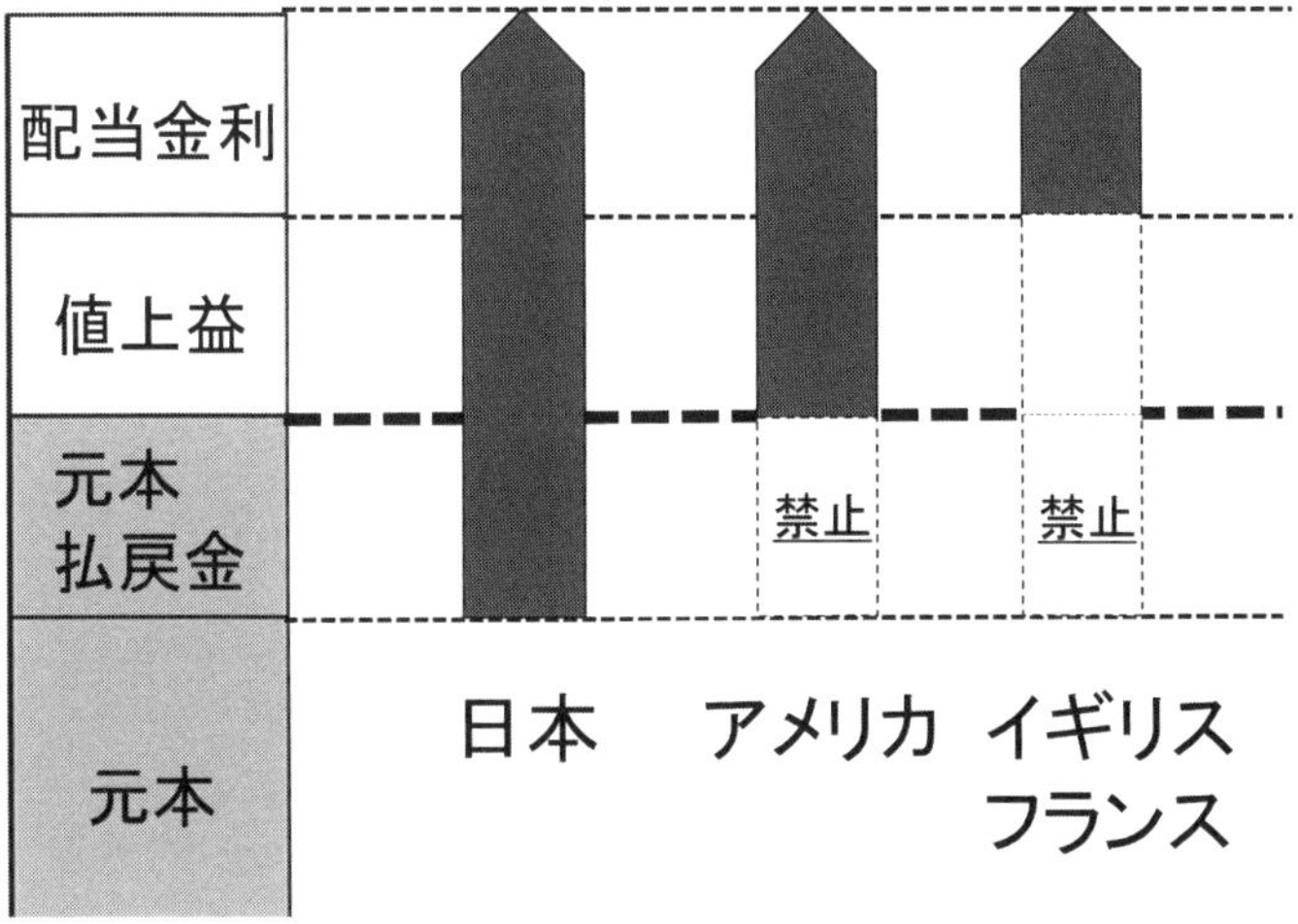

図01　分配金の出どころ

な規定がありませんので、元本が削られた場合も分配金という名前で支払うことが許されてしまっています。

こちらのグラフは日本とアメリカの毎月分配投資信託の過去7年にわたる基準価額の平均値の推移です。２００９年の価額を１００として表現しています（図02）。

アメリカの基準価額は１００周辺で推移しているのに対し、日本の基準価額は残念ながら右肩下がりで下落し、１００でスタートしたものが約60に値下がりしています。仮に投資元本１０

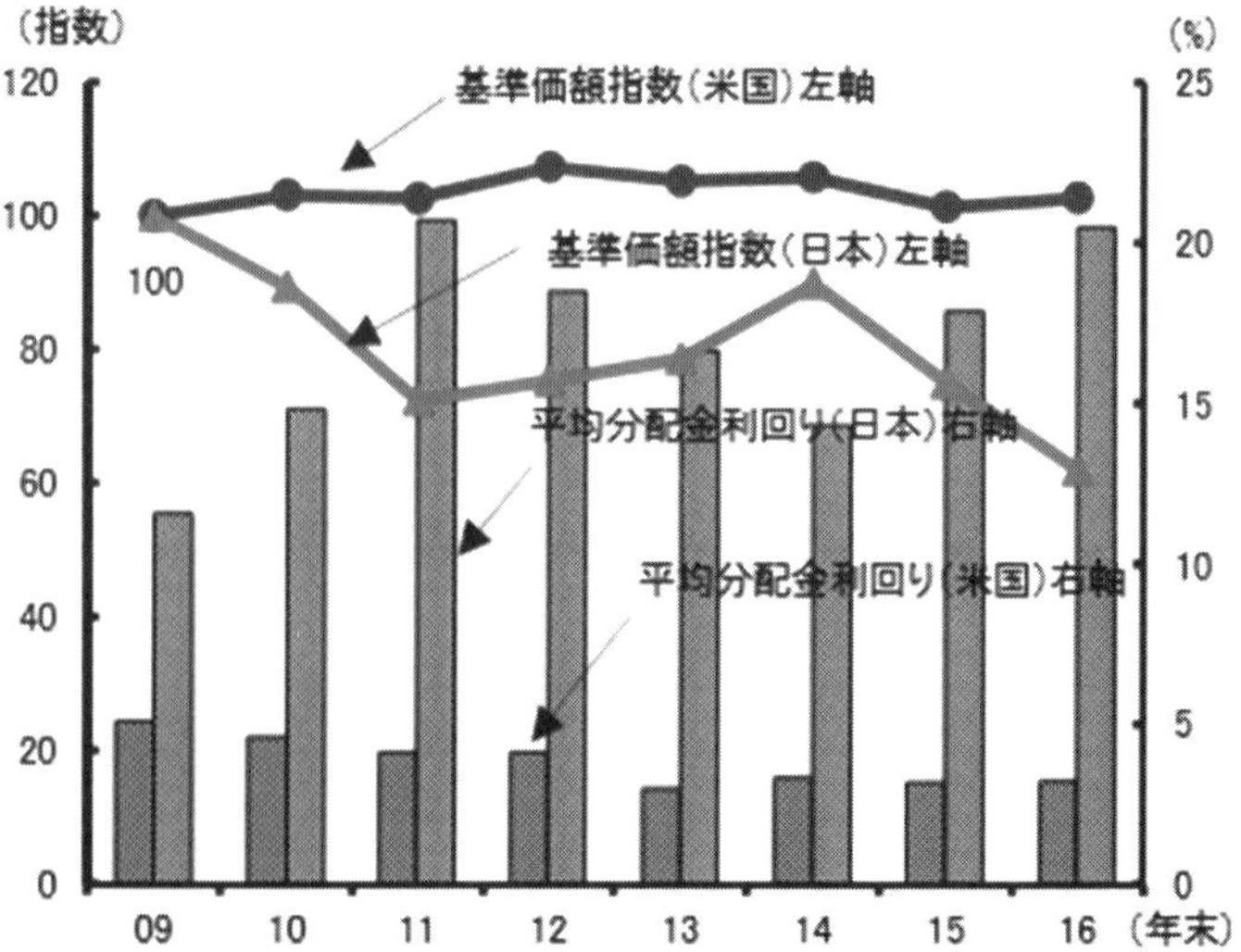

図02　出所：金融レポート（平成28事務年度）より

00万円でスタートしていたとすると、気づいたら投資元本が600万円に減ってしまっているということです。

■分配金健全性診断コンパス®

まずはこのようなお持ちの毎月分配型投資信託の良し悪しを正しく把握することが大切です。

弊社では分配金がどれだけ元本を削ってしまっているのか、きちんと利益から出ているのかを、定量的に数値で把握する「分配金健全性診断コンパス®」というシステムで診断を行っています（図03）。

この分配金健全性診断コンパス®で、一定の条件のもと、1年後、3年後、5年後の基準価額がいくらになっているかを算出することができます。

図の例は、本来の投資信託の実力よりも過剰に分配金を払いすぎていて、投資元本をどんどん削ってしまい、結果的に、元本があと5・2年でなくなる計算結果となり

分配金健全性診断コンパス®

【毎月分配型投資信託A】

基準価格 A	分配金月額 B	分配金年額 C	分配金払出率 F=-C÷A
3,574	60	720	▲20.15%
利子・配当等の収入 D	信託報酬 E	収入 (費用控除後) D+E	元本削り率 D+E+F
3.21%	▲1.79%	1.42%	▲18.72%

元本がなくなるまで
あと　5.2　年

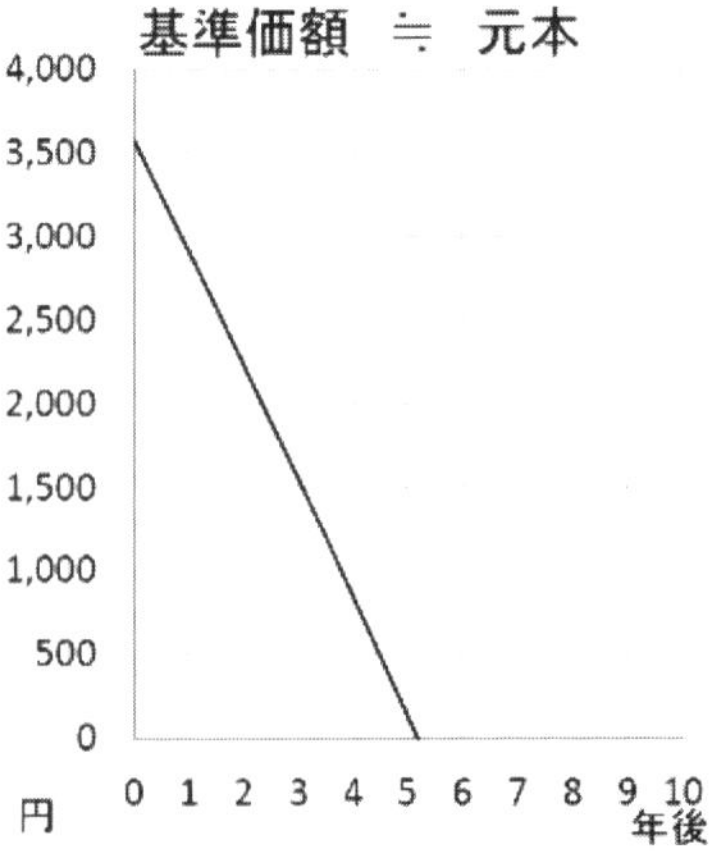

経過年数	基準価額
0	3,574
1	2,905
2	2,226
3	1,538
4	840
5	132
6	▲587
7	▲1,315
8	▲2,054
9	▲2,803
10	▲3,563

※注意事項：本シミュレーションは仮想条件に基づいて作成されていますので、以下の点にご注意ください。
・分配金月額、分配金年額、利子・配当等の収入、信託報酬が一定と仮定しています。
・ヘッジプレミアム及びコストは購買力平価の観点より利子・配当等の収入には入れていません。
・基準価格の変動要因を分配金月額、分配金年額、利子・配当等の収入、信託報酬のみと仮定しています。
・本資料は情報提供を目的としており、いかなる投資の推奨・勧誘を行うものではありません。

図03　分配金は欲しいけど、元本から取り崩されたくない

ました。

この例のように、非常に早い速度で元本を削ってしまう投資信託が多いことが日本の毎月分配投資信託の基準価額が下落している原因の一つとなります。

□ご相談者事例　毎月分配型投資信託保有者　60代男性

実際に毎月分配型投資信託を保有されていた、ご相談者の事例をご紹介します。

こちらの方は毎月分配型の投資信託を6本お持ちでした。分配金は出ているものの、元本が減っていくのに気が付きご相談にいらっしゃいました。

退職金を受け取った後に銀行の営業担当者より次のように勧められたのがきっかけです。

「毎月分配金が受け取れる投資信託があります。これからはお金に働いてもらいましょう」

試しに1本の投資信託を購入しました。

すると確かに高額な分配金を受け取ることができたのです。

「これはすごい！」

と、あたかも多額の利益を受け取ることができたと勘違いをされてしまいました。

結果的に、退職金全てを毎月分配型投資信託の購入に充ててしまったのです。

しかし、分配金は出ているけれども、同時に元本がそれ以上の早いスピードで減ってしまったため、結局トータルでもマイナスに。

このままではいけないと悩まれている時に弊社へ相談にいらっしゃいました。

分配金診断コンパス®で分析をした結果、本来安定的に見込めるインカム収入ではとうてい賄えない分配金を設定しており、このまま継続保有すると投資元本が継続的に減ってしまう可能性が高いことが判明。

本来の運用目的は、投資元本はなるべく減らさないように運用し、利益が出た時はその利益分だけを受け取りたい、とのお考えでした。

従って投資元本を減らしてしまう毎月分配型投資信託を解約し、利益分だけを受け取れる運用に見直しを行いました。

　そして対策の2つ目は一部解約です（図04）。

　当然運用をしてお金を殖やしたい、殖えた分を余裕資金として日々の生活、それ以外のところも含めて使いたいというご要望をお持ちの方は多いと思います。

　その場合、無分配の投資信託で運用を行い、プラスになった時に自分の好きなタイミングで好きな金額を一部解約して受け取る方法があります。

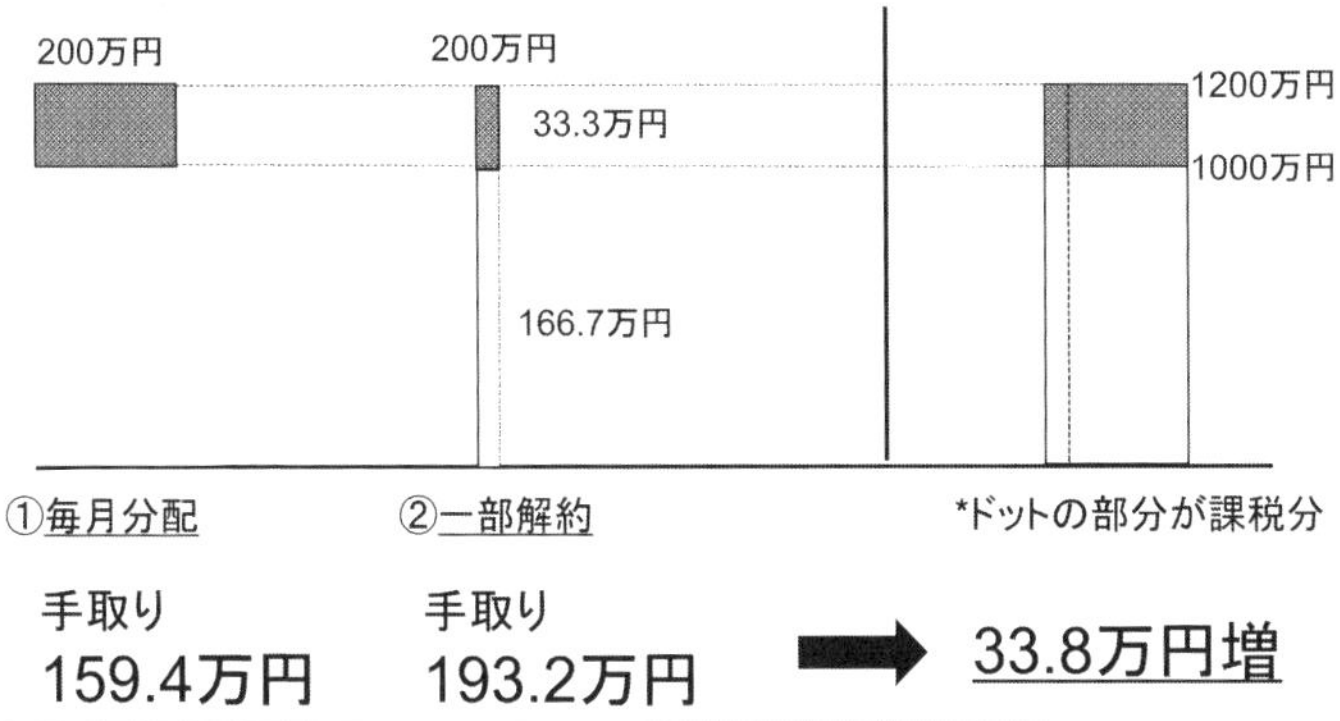

① 毎月分配の税金 ⇒ 200万円×▲20.315% ≒ ▲40.6万円
毎月分配の手取り ⇒ 200万円－40.6万円 ≒ 159.4万円

② 一部解約の税金 ⇒ 33.3万円×▲20.315% ≒ ▲6.8万円
一部解約の手取り ⇒ 200万円－6.8万円 ≒ 193.2万円

図04　200万円の手取り額
出所：アンバー・アセット・マネジメント作成

運用損益がプラスになっていたら、その時に、例えば50万円であったり100万円であったりとか、好きな金額を解約すればいいわけです。

メリットは3つあります。

・自分が必要な時に、必要な金額だけを受け取れる

・利益が出ていないにもかかわらず、勝手に元本を削らないで済む

・税引き後の手取り額を殖やすことが可能（図05）

税引き後の手取り額について、一例を用いて解説します。

仮に、全く同じ投資対象に投資をする投資信託が2本あったとします。

違いは分配型か無分配型かだけです。

それぞれに1000万円を同時に投資します。

その後、投資信託の評価額が1200万円に値上がりしたとします。

値上がりした200万円を、分配型は分配金として、無分配型は一部解約金として受け取ります。

分配金は200万円に対して20・315％課税され、税引き後の受け取り金額は1

59万3700円です。

一方、一部解約金は200万円のうち、課税される部分は33・3万円≒200万円×（200万円÷1200万円）に対して20・315％課税され、税引き後の受け取り金額は193万2283円です。

従って分配金で受け取るよりも、一部解約金で受け取った方が手取り額で33万8583円多くなります。

200万円の利益に対してこれだけ大きな差が出るわけです（※保有分の個別元本の修正等で相違点があります）。

利益額が10倍であれば、手取り増加額も10倍になります。

同じ利益を別の投資で得ようと思うとまた不確実な変動リスクを受け入れる必要があります。

しかしこの方法だと、全く同じ投資金額、同じリスク、同じ期間、同じリターンであっても、受け取り方をより賢い方法に変えるだけで確実に違いが出るのです。

これだけ手取りが殖えたら嬉しいと思いませんか？

なぜこんなに良い方法があるのに証券会社の営業担当は教えてくれないのでしょう。不思議ではないでしょうか。

その理由の一因は、証券会社では短い期間で転勤があり、お客様の手取りを最大化するのに手間暇をかけようという意欲が働きづらいためです。

成果が出る頃には転勤している可能性が高いため、効率的に目先の手数料を獲得することに追われてしまうのです。

そのような弊害をなくすには、転勤による担当者変更をなくすことが望ましいと考えられます。

長期的に担当することが分かっていれば、将来の運用成果や手取り額を少しでも殖やそうという意欲が働きます。

顧客利益が増加すれば、追加の取引や新規の顧客紹介を頂ける可能性が高まるためです。

❷ファンドラップ

■ファンドラップは手数料が二重取りで高い

「ファンドラップ口座ならプロが運用してくれるので、ほったらかしでも安心」

「分散投資しているので安定した運用ができます」

「契約者限定キャンペーンで定期預金金利を上乗せできます」

と誘われてファンドラップ口座での運用をお勧めされたことがある方は多いようです。

このような運用方法は本当に安心でお得なのでしょうか？

よく聞かれるセールストークで
「ファンドラップは投資信託とは違って購入時の手数料がかかりません。ファンドラップ手数料と投資一任料の合計として年率１・７％がかかるだけです。購入時の手数料がない分お得ですよ」

と説明をされることが多いようです。

本当にこの言葉を鵜呑みにしてよいのでしょうか？


契約書を隅々までよく読むと、小さな文字で「間接的にご負担いただく費用」なるものが記載されています。

間接的に負担する費用とはなんでしょうか？

読み進めていくと、ファンドラップ手数料及び投資一任料と、「この他に」投資信託そのものの運用管理費用（信託報酬）をご負担いただきます、と書かれています。

「この他に」負担、とはどういうことでしょうか？


……？


そうです！

実は直接的に負担する費用であるファンドラップ手数料及び投資一任料とは別に、「この他に」間接的に負担する費用として運用管理費用（信託報酬）がかかるのです。

では、合計でいくらの費用になるのか計算してみましょう。
以下は大手証券会社で一般的に採用されている費用体系を元に計算しています。
もちろん証券会社ごとに費用体系は異なるため、大まかな目安としてお考えください。

直接的に負担する費用
①ファンドラップ手数料　年率1・3％
②投資一任料　年率0・4％

間接的に負担する費用
③運用管理費用（信託報酬）　年率1・3％

ファンドラップ合計手数料
①＋②＋③＝　年率3・0％

以上の通り、当初の説明と比較し、はるかに高い手数料が取られているのです。

例えば年間手数料が３・０％のファンドラップを１０００万円契約すると、年間で30万円、10年間で３００万円の手数料がかかる計算になります。仮に内外の株式や債券を組み合わせた資産配分で期待利益３％程度の運用プランを組んだ場合、ファンドラップの年間手数料で利益が全て吹き飛んでしまうのです。

その結果、

「株がずいぶん上がっているようなのに、ファンドラップは思ったより儲かってない」

「長く続けているのに、なかなかプラスにならない」

というような事態に陥ってしまうのです。

初めから間接費用のことも含めて年間手数料が３％近くかかることを説明されて、

なお契約しようと考える方は少ないのではないでしょうか？

証券会社ではどのような説明を行っているのかを調査するため、私自身、直接証券会社のファンドラップセミナーにいくつか参加しました。

セミナーで直接費用は必ず説明されていましたが、間接費用について説明をした講師の方は０名でした。

そこで、セミナー講師の方に直接質問をしました。

「直接費用が年間１・７％というのは分かりました。この他に費用はかからないのですか？」

講師の方の回答は一様に、

「これ以外に費用はかかりません」

でした。

もう一度、重ねて質問をしました。

「パンフレットの後ろに小さく間接的に負担する費用１・３％と書いてありますが、これは手数料ではないのですか？」

すると
「いえ、これはお客様が直接負担する費用ではありません」

と回答されました。

間接的であろうとも、顧客が最終的に負担することに変わりないにもかかわらず、間接費用について顧客負担であることを正しく説明してくれる講師はいなかったのです。

弊社にご相談にいらっしゃった数千名のご相談者の方の証言を聞く限りでも、間接費用について正しい説明を受けている人はほとんどいませんでした。

■長期保有したが報われなかった

私が相談を受けた方の中には、これだけ株が上がっているのにファンドラップ口座で運用している資産がさっぱり殖えていない、という方が大勢いました。

契約内容を確認し、直接費用と間接費用の合計をお伝えすると、

「これだけの手数料を払っていたら儲かるはずがない」

「こんなに高い手数料がかかることを知っていたら契約しなかった」

と落胆されるケースが多いです。

まずはご自身の契約内容を改めて確認し、毎年いくらの直接費用と間接費用がかかっているのかを正確に計算することが失敗しないための第一歩です。

■金融庁も「コスト高」を問題視

もう1つ参考になりそうな分析を紹介します。

金融庁がまとめた「金融レポート」にこのような記述がありました。

「平均料率を使って、ファンドラップと一般の投資信託の保有コストを比較してみると、4年を超えて投資を継続する場合、ファンドラップの方が一般の投資信託よりも保有コストは高くなる計算となる」

つまり長期で持てば持つほど、投資信託よりファンドラップの費用負担の方が高くつく可能性があるということです。

もともとファンドラップ口座が普及した背景には、証券会社側の切羽詰まった「事情」があります。

これまで証券会社は、顧客に短期間で新しい投資信託に乗り換えさせる「回転売買」などで多額の手数料収入を得てきました。

しかし顧客に不必要な売買を促し、高額な手数料を何度も取る販売手法が金融庁から問題視され、長期保有を前提とした運用方針への方向転換を迫られたのです。

そこから証券会社が販売に注力したのがファンドラップ口座です。

回転売買をしなくても、長期保有してもらえばもらえるほど多額の手数料収入が見込めるためです。

❸新興国債券（トルコ・ブラジル・南アフリカ等）

■新興国債券は金利が高いのになぜ損をするのか

３つ目の失敗事例は新興国債券です。

例えば、トルコ・ブラジル・南アフリカ・メキシコ・インド・ロシア・インドネシアなどの国の債券で、先進国と比較すると高い金利が設定されています。

具体的な新興国債券の一例を見てみましょう。

発行体　世界銀行
格付け　ＡＡＡ（Ｓ＆Ｐ）
利率　年８・０％
通貨　トルコ・リラ
期間　３年満期

一見すると金利が高く、為替変動リスクはあるものの、為替が下落しなければ高金利を受け取って利益を獲得できそうです。

このような債券を販売している証券会社では、以下のような売り文句がよく聞かれます。

「日本の金利とは比べ物にならない高金利を受け取ることができますよ！」

「格付けＡＡＡで安全性が高いです」

「為替は過去最低水準なのでお買い得です」

以上の説明を額面通りに受け取って良いのでしょうか？

セールストークを鵜呑みにするならば、とてもお得なように見えてしまいます。

しかし、実はこのような新興国債券保有者の損益はマイナスになっている方が非常に多いのです。

なぜかと言うと、新興国債券には営業担当者が説明してくれない、２つの隠れた罠があるからです。

1つ目の罠は、高金利通貨は為替が継続的に下落しやすい傾向にあることです。金利を高く設定しているのは、その国の物価上昇率が高いからです。物価が高くなる国の通貨の価値は逆に下がっていきます。

つまり為替相場が下落していきやすい、ということです。

専門家はこのことを当然皆知っていますから高金利通貨だからと言って飛びつく人はいません。

仮に金利8%が手に入ったとしても、概ね物価上昇率も8%程度、為替の年間下落率も8%程度になる可能性があります。

するとプラス要因とマイナス要因を足し合わせると概ね打ち消し合ってしまう、と考えた方が無難です。

更に悪いことに、金利8%には税金が20・315%かかりますので、実質的な利益は約6・4%です。

すると税金が引かれる分、損になりやすいのです。

ではなぜ金融機関の営業担当者は「金利が高いですよ」と良いことだけを伝えて、それと同時に同程度為替が下がるリスクがあるということを言わないのでしょうか？

それは2つ目の罠に答えがあります。

新興国債券は為替手数料が桁違いに高いということです。

例えば、米ドルとトルコ・リラを比較してみましょう。

米ドルの為替手数料が片道0・5円、仮に1ドル＝100円で計算すると手数料率は0・5％です。

往復で2倍の1・0％。

米ドル建て債券を1000万円分購入したとすると、往復手数料は10万円となります。

一方、トルコ・リラの一般的な為替手数料が片道0・75円、仮に1リラ＝13円で計算すると手数料率は約5・7％です。

往復で2倍の11・5％。

トルコ・リラ建て債券を1000万円分購入したとすると、往復手数料は115万円となります。

つまり、米ドルと比較して10倍以上の手数料がかかるのです。

これほど桁違いの手数料が取られると説明を受けていれば、購入する人はまずいません。

為替手数料が高いのはトルコ・リラだけではなく、ブラジル・レアル、南アフリカ・ランドを始め、新興国債券全般に同じことが言えます。

普段あまり取引されていない通貨のため、その分手数料が異常に割高になっているのです。

つまり、営業担当者はより多くの手数料が獲得できる新興国債券を一生懸命勧めたくなる強い動機があるのです。

そのため2つの罠については十分な説明がないまま、良い点だけを強調して販売しているのです。

以上の理屈が分かっていれば新興国債券に手を出すことはないと思いますが、念のためにもう一つ付け加えておきます。

よくある営業トークで、「投資先の国の政情が変わったら良くなる」とか、「経済成長率が高いから」などと言われることがあります。

そのような売り文句に惑わされないでください。

新興国債券には2つの罠があり、そのデメリットの方がはるかに大きいのです。しつこく勧められる時は営業担当者に聞いてみてください。

「往復の為替手数料は金額にするといくらですか?」

「金利が高いということは物価上昇率が高いので、逆に為替（通貨の価値）は継続的に値下がりする可能性が高いですよね?」

この2つの質問をすると、営業担当者はもう何も言えなくなるでしょう。

❹テーマ型投資信託

■テーマ型投資信託はリスクが集中し、高値づかみになりやすい

特定のテーマに沿った企業の株式に集中投資する投資信託のことを総称して、テーマ型投資信託と呼ばれています。

例えば近年では、ロボット、ＡＩ、自動運転車、ＥＶ（電気自動車）、ヘルスケア、バイオ・ゲノム、ＥＳＧ、５Ｇ、インターネットテクノロジー、フィンテックといったテーマが人気でした。

その更に前にはＩＴ、中国株、ＢＲＩＣｓ、シェールオイル（ＭＬＰ）など、その時代ごとに人気のあるテーマに集中投資する投資信託が次々に生まれています（図05）。

ここで例示したもの以外にも本当に多種多様なテーマがありますので、ご自身の保有投資信託が該当していることに相談するまで気付いていない方も多いので注意が必

要です。

テーマ型は投資信託の値上がりを想像させるような成長ストーリーを語りやすいのが特徴です。

ワクワクする明るい未来を夢見せながら販売が行われます。

しかし、人気があったり、未来がイメージしやすいことと、リターンを得られやすいかどうかは別物です。

このようなテーマ型投資信託には6つの問題点があります。

①投資先のテーマから逃れることができない

例えば訪日外国人観光客向けのビジネスを展開している企業に集中投資を行うテーマ型投資信託が一時期人気になっていました。

2000年	ITバブル	→	IT株投信
2005年	上海万博・北京五輪	→	中国株投信
2007年	BRICsブーム	→	新興国株投信
2011年	リオ五輪	→	ブラジル投信
2014年	シェールオイル革命	→	シェールオイル投信

図05　過去の集中投資の例

しかし、その後コロナ禍が発生したため、訪日外国人観光客向けビジネスを行っている企業の業績は劇的に落ち込み、株価が暴落、当該テーマに集中投資を行っていた投資信託の基準価格も極端に下落してしまいました。

もし分散投資が可能な投資信託であれば、ファンドマネージャーの裁量でコロナ禍のダメージを受ける企業の株式を売却し、逆にコロナ禍が追い風になる企業の株式を購入することができます。

一方、特定のテーマに集中投資を行うことが定められている投資信託はファンドマネージャーの判断でテーマ以外の企業の株式に投資先を変更することができないのです。

②リスク分散ができない

投資信託の大きなメリットはリスク分散ができることです。

1人で数百社の企業の株式を購入し、幅広い業種や、国、企業に分散投資を行うことは至難の業です。

しかし、投資信託を活用することで1人では実現できなかった幅広い分散投資が可能になり、リスクを低減することができるのです。

一方、特定のテーマに集中投資を行うと、リスクを分散させるどころか、1つのテーマにリスクを全力で集中させることになってしまうのです。

③割高な時に買ってしまうことが多い

人気がなく、株価が割安なうちに購入し、人気が出て株価が上昇した時に売却するのが理想です。

しかし人気のテーマ型投資信託はその全く逆のことをしてしまいます。

テーマに人気が出て株価が割高になっている時ほど投資信託の売れ行きがよくなります。

そしてブームが過ぎ去り、本来の実力に見合った株価に戻っていく過程で投資信託の基準価格も下落しやすくなります。

割高な時に買い、割安な時に売ってしまう人が多い傾向にあるようです（図06）。

④人気のテーマは人気がなくなると急落するリスクがある

人気がある、ということは、すでに大勢の人がそのテーマが良いと思っているということです。

株価というのはこれまで買っていなかった人が買うことによって上昇します。

しかし、みんながすでに買っているテーマというのは、これ以上買い手が増える余地が少ない、ということでもあります。

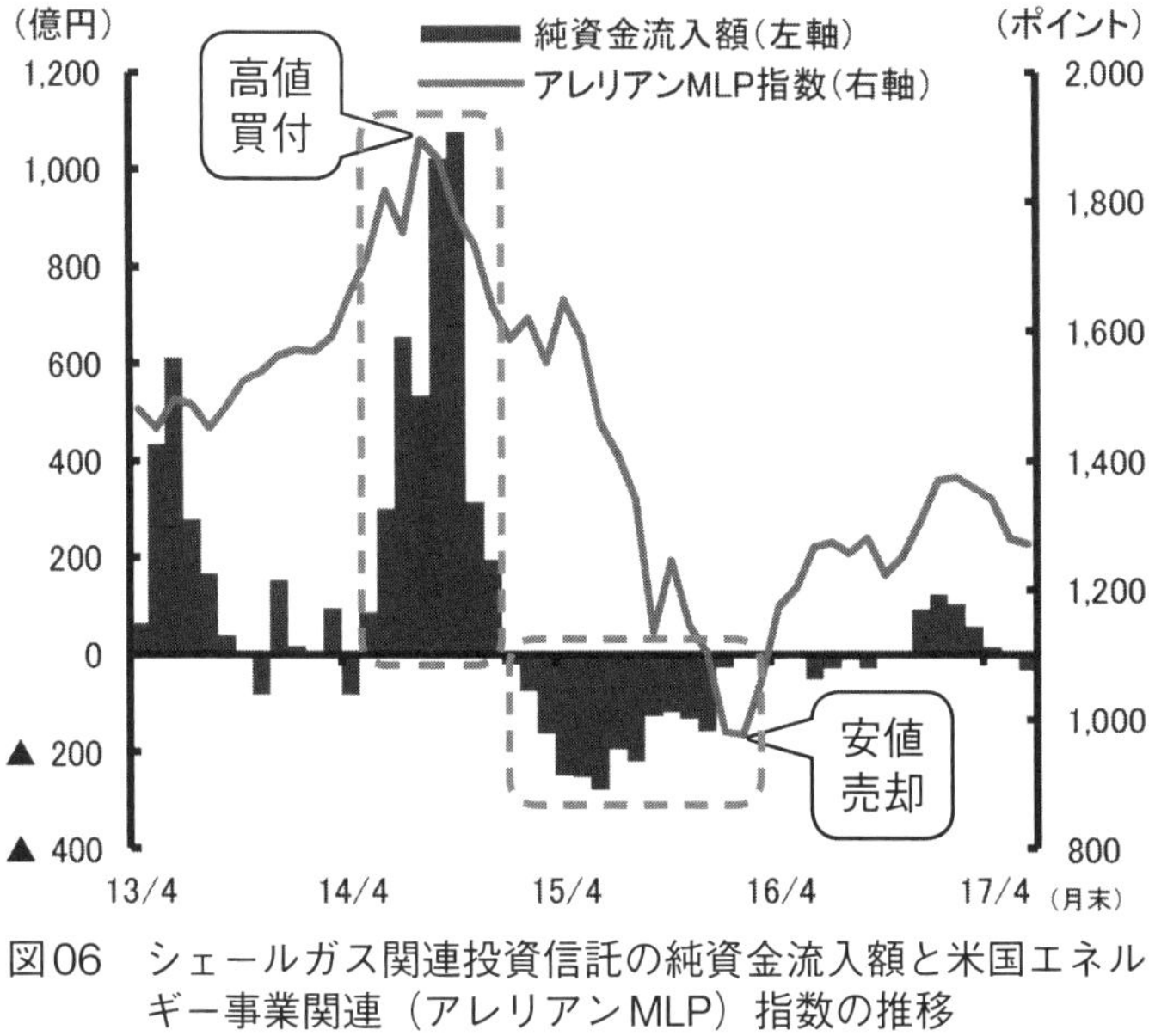

図06　シェールガス関連投資信託の純資金流入額と米国エネルギー事業関連（アレリアンMLP）指数の推移
出所：金融レポート（平成28事務年度）より

人気がなくなった時には想像以上のスピードで急落することがあります。
例えば過去の事例を振り返ると、以下のような特定のセクターが上昇率1位を記録した翌年に上昇率最下位に落ち込む、ということが繰り返されています。

情報技術　1999年1位　↓　2000年最下位
リート　2004年1位　↓　2005年最下位
ヘルスケア　2008年1位　↓　2009年最下位
金融　2012年1位　↓　2014年最下位
期間：1997年12月末～2019年12月末
出所：情報技術▼MSCIワールド情報技術指数、ヘルスケア▼MSCIワールド・ヘルスケア指数、リート▼S&PグローバルREIT指数、金融▼MSCIワールド・金融指数

⑤売り時が難しく、一喜一憂してしまう

特定のテーマに集中投資を行うと、リスクが集中し、株価変動の幅が大きくなってしまいます。

人気がなくなり、大幅下落した後では売るに売れなくなってしまうリスクがあります。

そのためいつまでもドキドキ、ハラハラ、一喜一憂をし続けることになってしまいます。

⑥長期保有に向かず、無駄な手数料を何度も支払うリスクがある

1つのテーマに集中投資するため、上下変動が大きくなり、結果的に長期保有に向かない特性を持っています。

短期間のうちに売却し、また新しいテーマ型投資信託や他の金融商品に乗り換えると無駄な手数料を何度も支払う事態になりかねません。

証券会社にとってはリスクが高い集中投資をしてもらった方が、短期売買してもらいやすく、手数料を何度も取れるので都合が良いのです。

一方、個人投資家にとってはリスクを分散し、長期保有しやすい投資信託の方が無駄な手数料を払わずに済みます（図07）。

■テーマ型投資信託と長期分散型投資信託の比較

テーマ型投資信託の問題点を踏まえ、どのような投資信託であれば個人にとってより望ましい結果を得やすいのかを考えていきたいと思います。

一般的には個人投資家にとってはなるべく無駄な手数料を払うことなく、リス

	投資家	証券会社
コスト	手数料を安く	手数料を高く
保有期間	長期保有	短期保有
リスク	ローリスク	ハイリスク
投資方法	分散投資	集中投資

図07　望む投資のスタイル
出所：アンバー・アセット・マネジメント作成

クを抑え、ほったらかしで保有し続けた結果、資産が殖えている、という状態が望ましいものと考えられます。

そのような状態を実現しやすいのはテーマ型ではなく、長期分散型の投資信託です。長期分散型投資信託とは、特定のテーマに縛られることなく、その時々に応じて幅広い投資対象に分散投資ができ、長期保有に向いている投資信託のことを指します。

特徴は以下の通りです。

・特定のテーマに縛られずに、環境の変化に応じて様々なテーマに投資先を変更できる
・テーマが決まっていないため、幅広く分散投資ができる
・1つのテーマが急落しても分散投資しているためリスクを低減できる
・投資先の変更をファンドマネージャーが行ってくれるため、投資家が投資信託を売買する必要がない
・一喜一憂せずに長期保有ができる
・長期保有するため売買手数料を何度も支払う必要がなくなる

では長期分散型投資信託をどのように選べば良いのでしょうか。

弊社では客観的に分散投資に向いている投資信託を様々な観点から分析して選び出しています。

分析手法のひとつに「ファンド・コンパス」というものを使っています（図08）。

ファンド・コンパスは、全金融機関の投資信託約6000件のうち、ほぼ全てを横並びに比較することができます。

3年、5年、10年の期間においてコンスタントに良い成績を出してい

全金融機関の投信をほぼ全て分析可能

6,141件あります

[redacted]

ファンド名称	信託報酬	基準価額	純資産	リターン 1年	3年	5年	10年	スコア 1年	3年	5年	10年
[redacted]	1.62	2,418	7,663.96	2.8	-0.06	10.7	3.17	1	1	2	1
	1.6416	3,457	6,677.49	1.64	1.26	12.89	7.61	2	4	4	−
	1.188	3,767	6,321.94	8.53	-0.92	10.07	-0.28	2	1	1	1
	1.35	5,191	5,490.41	3.17	-1.47	4.62	1.77	5	2	4	2

図08　ファンド・コンパス

出所：ファンド・コンパスをもとにアンバー・アセット・マネジメント作成

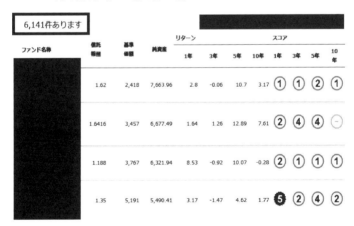

るものを選択することができます。

投資信託をすでに保有されている方は、お持ちの投資信託の良し悪しを客観的なデータに基づいて分析することを推奨しています。

❺リート（REIT、不動産に投資をする投資信託）

リート（REIT）とは不動産投資信託のことです。

投資家から集めた資金をもとに、オフィスビルや商業施設、マンションなど不動産を購入・運用し、そこから得られる賃料収入や不動産の譲渡益を投資家に分配します。

「不動産＝安定」というイメージで投資を行ったものの、想像以上の価格変動に驚かれる方が少なくありません。

実物不動産の価格は短期間のうちに半額になることは稀です。

しかし不動産投資信託であるリートの場合は、これまで短期間のうちに半分や3分の1に値下がりしたことがあります。

実は株式と同じくらい価格変動リスクが高いのがリートなのです。リスクが高いことを承知の上で投資をしている方はこのページは飛ばして頂いて構いません。

問題はリート＝安定資産というイメージを持っており、減らしたくない資産を投資してしまっている方です。

証券会社では「株と比較すると値動きが少ない安定した資産です。不動産に投資を行うので安定した賃貸収入が得られますよ」。このような提案がされることが多いようです。

例えばリーマン・ショックの際、国内リートは約60％の値下がり、米国リートは約70％の値下がりが起きています（図09、10）。

若い人であれば、暴落しても5年や10年待っていれば良い、という考え方もありますが、リタイア世代にとってこのような大きな値下がりは致命傷になりかねません。

特にリートに高いリスクがあることを知らずに減らしたくない資産を投資してしまっている方は、早めにリスクを減らす検討が必要です。

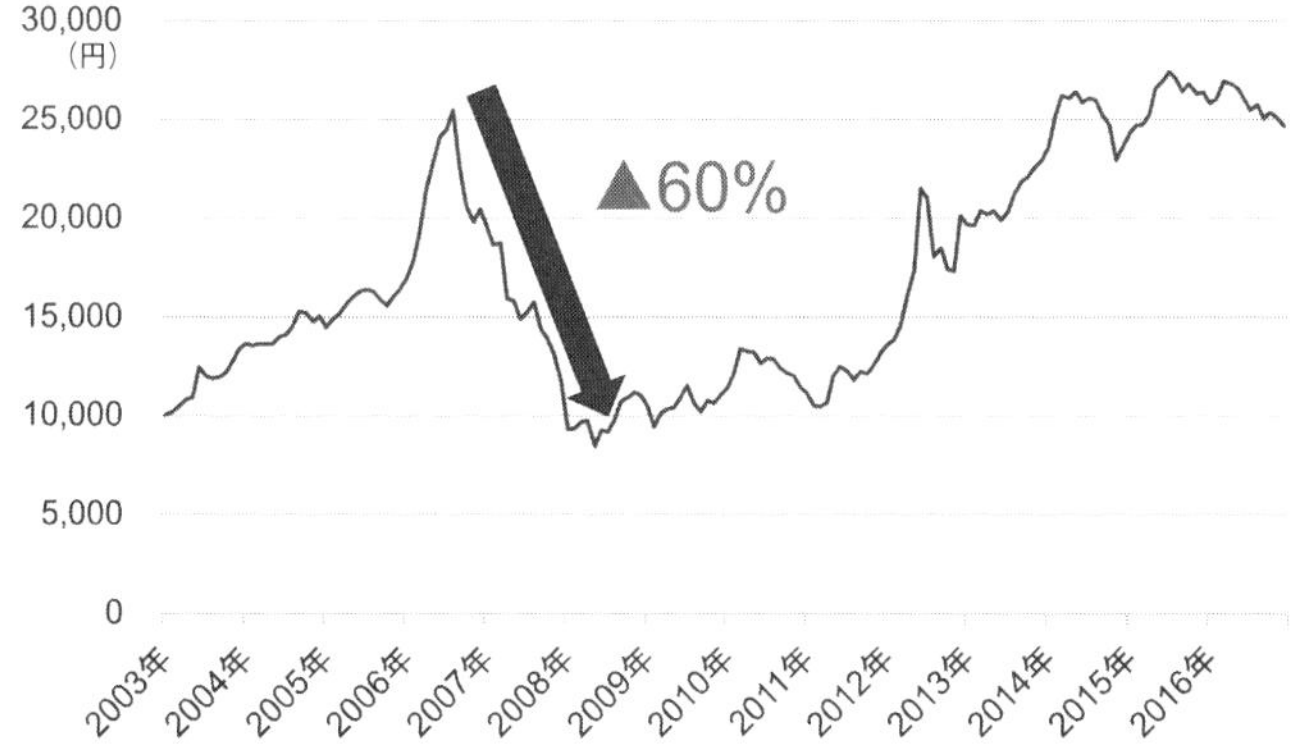

※J-REITインデックスファンド＝東証REIT指数に連動するファンド

図09 国内リート（J-REITインデックスファンド基準価額）
出所：モーニングスター公表データを基にアンバー・アセット・マネジメント作成

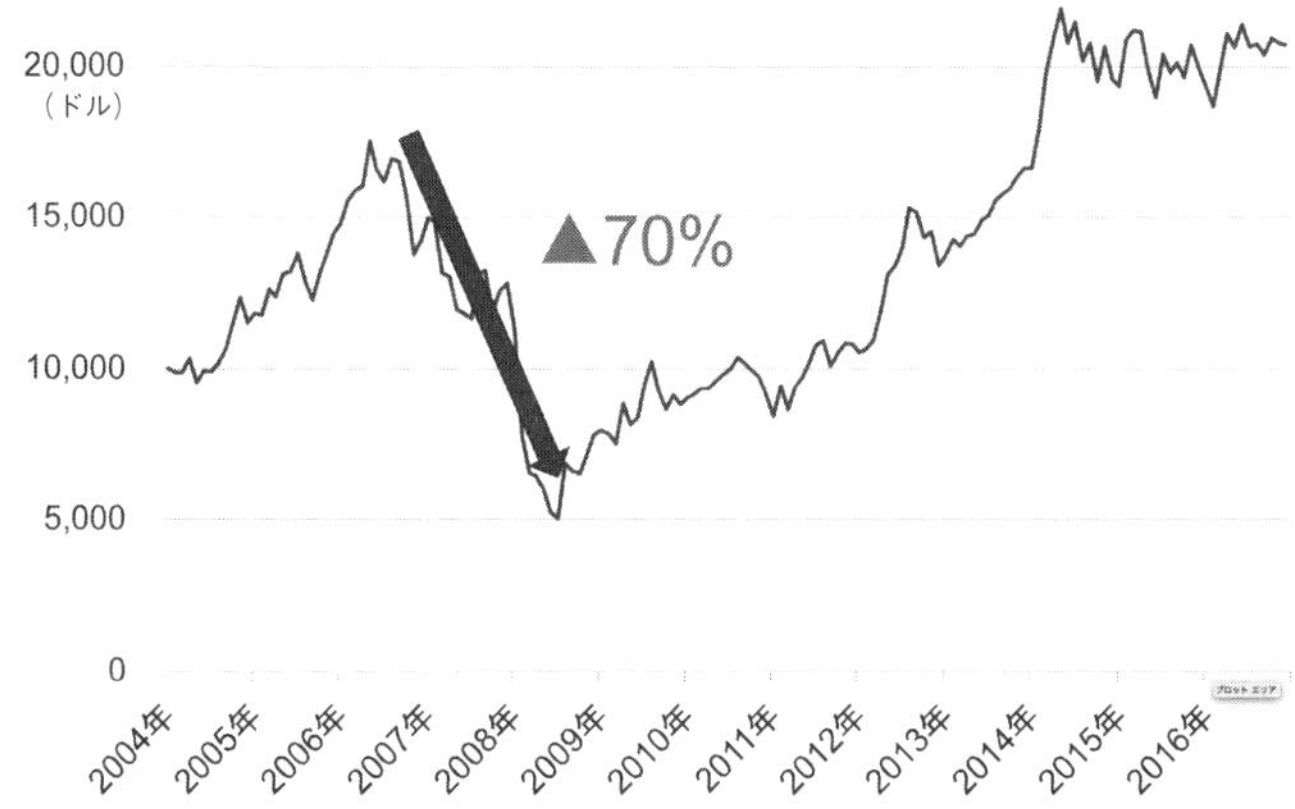

※ FTSE NAREIT Equity REITs インデックスに連動するファンド

図10 米国リート（US - REITファンド基準価額）
出所：モーニングスター公表データを基にアンバー・アセット・マネジメント作成

❻その他の失敗事例

他にもご紹介したい失敗事例や気を付けていただきたい事例が山ほどあるのですが、その一部をご紹介します。

・日本株式

売り時を教えてもらえずに困っている方や、塩漬けになってしまっている方からのご相談が後を絶ちません。

また配当狙いで日本株を持っている方は余分なリスクを取りすぎているケースも見受けられます。安定した収入確保を目的とするならば、本来は株価の変動リスクを取る必要はないからです。

値上がり狙いで日本株を持っている方は、個別株式の変動リスクを甘く見積もっている場合があります。どんなに有名な大企業でも株価が10分の1や0になるリスクがあるからです。

一度立ち止まって、運用目的と、安全性やリスクのバランスを考えていただいてもよいかもしれません。

・**公募株式**

公募株式は、例えば日本郵政やソフトバンクなどの企業が株式を新規募集で売り出すものです。株数が大幅に増えるとその分株価が下がりやすくなるのは自明の理です。それでも証券会社は多額の株式発行手数料を受け取れるため、企業から依頼を受けると株価が下がる可能性が多分にあることが分かっていても喜んで引き受けてしまう傾向があります。

・**米国株式**

米国株式は短期売買で過剰な手数料を知らぬ間に支払っている方も多いようです。特に店頭取引をしている方は、片道３％近い手数料を払っている場合があります。本当は長期保有していればもっと殖えていたのに、無駄な手数料を何度も払っている方をよくお見受けします。

・**外貨建て保険**

運用する目的で外貨建て保険をお持ちの方は無駄な手数料を支払っている場合が多いです。

なぜならば、本来は保険が必要でないにもかかわらず、運用に関する手数料と、保険に関する手数料を二重で支払っているためです。

もし保障が必要でないならば、運用だけに特化した商品にするだけで利回りが良くなります。

・**仕組債（日経リンク債、株価連動債、ＥＢ等）**

例えば以下のように、株価に連動して利率や償還が決まる債券のことを仕組債と呼びます。

参照する株式によって呼び名が変わります。

発行体　大手金融機関
格付け　ＡＡ（Ｓ＆Ｐ）
利　率　年５・０％ or ０・１％（個別株式参照型の場合は利率が10％を超えることもあります）
通　貨　円建て
参照株価　日経平均株価およびＳ＆Ｐ５００（または個別株式）
期　間　３年満期
クーポン判定　80％
ノックイン判定　60％
早期償還判定　１０５％

一見高い金利が魅力的に感じるのですが、実際は想定以上のリスクを取っています。
ノックインすると元本が４割減ってしまいます。
元本が４割も減るようなリスクを取るならば、より高いリターンが得られなければ釣り合いません。

・ブルベア型商品、レバレッジ・インバース型商品

ブルベア、レバレッジ型の商品は値上がりも値下がりも2倍、3倍になる商品です。細かい説明は省略しますが、継続保有するほど損しやすい仕組みが組み込まれていますが本当のリスクを正しく理解していない方がほとんどです。

第2章

証券会社・銀行で資産運用をする際に気を付けるべきこと

第1章では商品選びにおける失敗事例をいくつか例示させていただきました。

当てはまるもの、心当たりのあるものはいくつあったでしょうか?

「知っていたよ!」というものもあったかもしれません。

しかし、金融商品は新しいものが次々に生まれてきます。

そして資産運用を取り巻く環境も変化し続けています。

現時点での失敗事例を理解しただけでは良い資産運用を続けることはできません。

商品選びより重要なことはズバリ、資産運用の相談相手選びです。

顧客利益よりも金融機関側の利益を優先する営業のプロに相談している限り、資産運用で成功することはできません。

一方で、顧客利益を優先し、本気で責任ある資産運用アドバイスを提供しようという専門家と出会うことができれば、成功の確率は大きく変わってきます。

あなたの相談相手が本物か否かを見極めることが重要です。

第2章では証券会社・銀行で資産運用をする際に気を付けるべきことや、相談相手の良し悪しの判断方法について解説します。

「運用損益がプラスだから問題ない」
「今の担当者はよくやってくれているから大丈夫」

とお考えの方も油断は禁物です。

これからお伝えする内容は私自身が数千名の個人投資家の方から頂いた相談事例をもとに解説しています。

いつあなたにとって自分事になってもおかしくありません。

いざ損をしてから慌てるのではなく、事前に気を付けるべきポイントを把握しておきましょう。

証券会社・銀行のこのような手口に要注意

証券会社・銀行ですでに取引されている方は次に挙げるような手口に注意してくだ

さい。

①短期間で売買を勧められる
②利益確定を勧めるのは親切だからではない
③良いことを強調し、リスクや手数料の説明が不十分
④営業担当者変更後の乗り換え取引
⑤「挽回させてください」
⑥あなただけに特別なご案内
⑦締め切り期限を強調してくる営業

順番に見ていきましょう。

①短期間で売買を勧められる

営業担当者が短期間で売買を勧めてくるのは、売買の度に手数料が入ってくるからです。

短期間で売買すればするほど金融機関側は確実に儲かります。

しかし、顧客は売買すればするほど手数料を何度も支払うことになるため、手数料の分だけ損失が膨らみます。

営業担当者は営業のプロですから、もっともな理由を付けて取引したくなる気持ちにさせる専門家です。

あの手、この手で勧誘をしてきますが短期売買は断固拒否しましょう。

初めから売買が不要な長期保有が可能な商品であれば手数料を払う回数が少なくて済みます。

②利益確定を勧めるのは親切だからではない

営業担当者からこのように言われたらどうしますか？

「あなたが保有している資産（投資信託や株など）を今売れば利益確定できます」

「利益確定した後に新しい商品を購入しませんか」

一見親切に感じてしまうかもしれませんが、これも手数料稼ぎの常套手段です。

そもそも度々利益確定しなくてはならないような商品よりも、一度買ったら放置できる運用の方がよっぽど優れているのです。

短期売買を促し、何度も手数料を支払うような取引を勧誘してくる営業担当者は初めからお断りすべきです。

③良いことを強調し、リスクや手数料の説明が不十分

第1章で解説した失敗事例について当てはまった方は、現在取引されている金融機関と今後も付き合いを続けてよいのか、よく考えてみてください。

リスクや手数料の説明が不十分な金融機関と取引を続けることが一番危険です。

良いことを強調し販売手数料を獲得することに注力し、本来顧客に伝えるべきデメリットを隠していたわけです。

契約書に小さな文字で注意事項が書かれていたとしても、書類を手渡しただけでは販売側としての責任を果たしたとは言えません。

リスクや手数料こそしっかりと口頭でも分かりやすく説明し、理解をきちんと得た上で取引をする義務があります。

第1章の事例で当てはまらなかった方もよく思い返してみてください。

これまでの取引で良い点だけではなく、デメリットやリスク、手数料について十分分かりやすい説明をしてくれたかどうか。

物事には必ずメリットと、反面デメリットが共存しているものです。

良い点だけを強調してくる営業担当者の言うことは鵜呑みにしないでください。

④営業担当者変更後の乗り換え取引

営業担当者が代わると前任者が勧めた商品を否定し、新たな商品を勧誘するのは証券営業では常識です。

でも、よく考えてみてください。

同じ金融機関の社員なのに、なぜ人によって言うことが変わるのでしょうか？

ひどい場合には、ある顧客には商品Aの買い付けを提案し、別の顧客には商品Aの売却を勧めている、という非常識極まりないことを行っている営業担当者もいます。

これまで損失が続いていても、担当者が代わると新たな担当者には責任がないからと言って乗り換え取引に応じてしまう方がいます。
それはまんまと金融機関の罠にはまっているのです。

⑤「挽回させてください」

損をしている商品を持っている時に、営業担当者から「挽回させてください」と言われると、つい信じたくなってしまう気持ちも分かります。（さすがにこれだけ損をしているのだから、次は利益が見込めるものを勧めてくるはずだ）

しかし信じがたいことですが、損をさせていてもなお、本気で顧客の資産を殖やそう、挽回しようと考えて提案してくれる営業担当者は少ないのです。

なぜならば運用結果が分かる頃には転勤や担当者変更であなたの前からいなくなっているからです。

本音は損失商品を売却して新たな商品を購入してもらい、ノルマをこなすのに必死なのです。

⑥あなただけに特別なご案内

人は誰しも特別扱いされると嬉しい気持ちになるものです。

例えば支店長が直々に挨拶に現れたり、豪華な応接室に通されたりすると良い気分になるでしょう。

そしてあなただけに特別なご案内があると言われれば期待に胸が躍ります。

このような手口は金融機関側にとって手数料が最も高い商品を売りたい時によく行われます。

⑦締め切り期限を強調してくる営業

締め切り期限を強調してくる営業はノルマ商品の販売の可能性があります。

例えば新発売の投資信託や、値下がりする可能性が高いことが事前に想定されている公募株式、企業側から発行手数料をたっぷりもらうために発行した新発の債券などです。

顧客には「人気商品なので締め切り前に早めに返事をください！」と営業トークを繰り出しますが、内情は期限内に売り切らなければならず、ノルマを達成するのに必死なのです。

そこに顧客利益を考える余裕など一切ありません。

以上、代表的な注意すべき手口の一部をご紹介しました。

■証券会社・銀行の構造的な問題

前述の通り、営業担当者が顧客の利益よりも、金融機関側の利益を優先する場面が度々見られます。

なぜこのような行動が起きてしまうのか、その根本的な原因を知っておくと、営業担当者の行動原理が良く分かるようになります。

そもそも問題が起こる根本的な原因は以下の通りです。

①顧客との利益相反
②顧客にはデメリットが見抜けない巧妙な商品設計
③金融機関側の過度な手数料至上主義
④ビジネスモデルの崩壊と高い固定費
⑤ノルマ商品の販売
⑥営業担当者変更による責任感の低下

順に説明していきます。

①顧客との利益相反

顧客はなるべく手数料が安い商品で運用したいと考える一方で、金融機関側はなるべく手数料が高い商品を販売したいと考えています。

手数料が高ければ高いほど金融機関側は儲かります。

一方で、手数料が高ければ高いほど顧客の資産は目減りします。

つまり、顧客の利益と金融機関の利益は完全に相反しているのです。

多少勉強をした程度では、顧客が金融商品の本当の手数料がいくらなのか、また将来的に合計でいくらを負担するのかを見抜くことはできません。

営業のプロは当然、顧客から手数料を最も多く獲得できるよう計算して販売を行います。

②顧客にはデメリットが見抜けない巧妙な商品設計

第1章で解説した通り、顧客にはデメリットを見抜くことができない巧妙な商品設計が可能です。

今回解説した商品は氷山のほんの一角です。

他にも手を変え、品を変え、色々な方法で顧客にデメリットを見抜かれないように金融商品もどんどん進化しています。

その全てを常に把握し、理解することは不可能です。

結局は商品選びをいくら学んでも、それだけでは資産運用を成功させることはできません。

③金融機関側の過度な手数料至上主義

証券会社や銀行の営業現場では過度な手数料至上主義が蔓延しています。

手数料をなるべく多く獲得する営業担当者が多額のボーナスを受け取る一方、手数料を獲得できない営業担当者は上司から連日厳しく叱責をされます。

営業現場では数字が人格です。

数字を挙げる人間は賞賛され、数字が出せない人間は徹底的に叩きのめされます。

昔は灰皿や『会社四季報』を投げつけられるような時代がありました。

今はさすがにそこまでの暴力はありませんが、精神的に追い詰められて退職する人が多いのも事実です。

ではなぜ、それでも金融機関の営業職を続ける人がいるのでしょうか？

それは他業界と比較すると給与が格別に高いからです。

自分の給与が上がるならば、顧客が損をしても関係ないと割り切れる人ほど稼ぐことができます。

逆に顧客に損をさせることに抵抗を感じる人は証券会社を辞めていきます。

④ビジネスモデルの崩壊と高い固定費

証券会社はとても儲かる時代がありました。

業界の規制に守られ、株式売買手数料は一律固定化されていました。

ところが金融ビッグバンの柱として１９９９年に株式売買手数料が自由化されて以降、あっという間に手数料率が引き下がってしまいました。

そして株を頻繁に売買してくれていたお得意様はネット証券に奪われてしまったのです。

また１９９８年より投資信託の銀行窓販が始まりました。

あっという間に銀行に投資信託の販売シェアを奪われ、２００５年には銀行窓販のシェアが50％を超えました。

こうして売上の重要な柱が崩壊していく中、固定費は高止まりしています。

莫大な取引を正確に執行・記録する取引勘定システムの維持と更新するための費用や、大企業特有の無駄が随所にあるなど、損益分岐点を押し上げているのです。

業界が良かった時代を生きてきた会社にとって、これらを削ることは至難の業です。

一度上げてしまった生活水準を下げるのが難しいのと同じことです。

この高い固定費を稼ぎ出すために営業現場に過度の手数料至上主義のプレッシャーが重くのしかかり、しわ寄せが顧客の支払う高い手数料になって表れているのです。

⑤ノルマ商品の販売

証券会社や銀行では商品ごとに営業目標を掲げたノルマ商品の販売が行われています。

金融機関側の手数料をなるべく多く獲得する方法としてノルマ商品販売は効率的だからです。

期限を決めて、今週はAという商品を「1人いくら販売せよ！」という厳命が下ります。

会社からの命令には逆らえません。

例え顧客の意向に沿っていないと思っても、ノルマ商品Aを無理に販売するということが頻発するのです。

ノルマ商品を販売するために、本当は売る必要のない保有商品をあれこれ理由を付けて売却することも常套手段です。

⑥営業担当者変更による責任感の低下

①～⑤のようなことを行い続けると、当然顧客は損失を抱えることになります。

損失が殖えると顧客は営業担当者の言うことを聞かなくなります。

すると手数料収入が上がらなくなってきますので、その頃に営業担当者を変更します。

転勤や支店内での地域変更など、言い方は様々ですが、担当者を定期的に変更するのです。

すると、新しい担当者はこう言うことができます。

「前任者がご迷惑をおかけしました。私が挽回してみせます。ついては保有されているこの商品Aはあまり良くないので売却しましょう。そして新しく商品Bを購入しましょう」

顧客は損失になっている商品Aを販売した前任者には頭に来ていますが、後任担当者のせいではないので提案を受け入れてしまいます。

こうして本来は不必要な多額の手数料を支払うことになるのです。

ちなみに顧客は後任担当者を悪くない、と思っていますが、実は後任担当者も転勤前の支店で商品Aを大量販売して損失を出してきています。

しばらくしてまた損失が殖えてきたら担当者を転勤させます。

この短期的な担当者変更を繰り返す仕組みというのは、営業担当者の責任感を低下させます。

商品Aを販売して顧客が損をしたとしても、その頃に自分は担当を外れているからです。

もし同じ顧客を10年、20年と長く担当することが分かっていたら、損する可能性の高い商品を販売することに恐怖を感じるはずです。

なぜなら自分が良いですよと説明して販売した商品が、結果的に損失になってしまったら顧客から怒られたり恨まれたりするからです。

しかし、短期間で担当変更になることが分かっていれば、そのような恐怖を感じることはありません。

それよりも上司から鬼のように叱責され、「今すぐ商品Aを販売してこい！」と怒鳴られることの方が怖いのです。

すると顧客利益よりも金融機関側の利益を優先した営業を繰り返すことになるのです。


以上が、証券会社・銀行の営業担当者が、顧客の利益よりも金融機関側の利益を優先してしまう根本的な理由です。

誰も初めは顧客に損をさせたいなどと思って金融機関に入社していません。

しかし、入社後数年が経過すると課せられるノルマが大きくなり、段々と金融機関側の利益を優先した取引を追求せざるを得なくなっていくのです。

業界を去った友人が大勢います。

皆一様に言うのは「証券会社では二度と働きたくない」ということです。

■資産を守るための魔法の質問

ご紹介した手口は氷山のほんの一角です。

そのため顧客側が自分の身を守るのは大変なことです。

そこであなたの大切な資産を守るための、魔法の質問があります。

営業担当者があなたに金融商品を勧誘してきたら、ある質問を投げかけてください。

その答えを聞けば、この営業担当者は本気で良いものを紹介しようとしているのか、手数料欲しさに営業しているのかが一発で分かります。

その魔法の質問とは次の通りです。

「あなたはこの商品を持っていますか？　家族に勧めていますか？」

この質問を営業担当者に是非聞いてみてください。

本当に良い商品であるなら自分で保有しているはずです。

そして家族にも勧めているはずです。

よくある言い訳として、このようなことを言われるかもしれません。

「証券会社（または銀行）に勤務しているので購入できないのです」

これは嘘です。

投資信託・ファンドラップ・債券・株式などは、金融機関に勤めている社員も購入可能です。

実際に私の知る金融機関勤務の友人は皆自分が本当に良いと思う商品で資産運用を行っています。

また家族にも勧めています。

しかし金融機関が積極的に販売を推奨している商品は持っていませんし、家族にも勧めていません。

それは手数料が高すぎたり、顧客側が不利になりやすい商品設計になっているものが多いからです。

本来は自分が欲しいと思う商品やサービスを顧客に誇りを持って提供するのが筋だと思います。

しかし金融業界では顧客に勧める商品と、自分や家族が購入する商品は違っているのが当たり前なのです。

ぜひ営業担当者から商品を勧められた際にはこの質問をぶつけてみてください。

自社商品に誇りと自信を持って世に提供しているならば、当然自社商品を自分も購入しているし、家族に紹介しているのではないでしょうか？

ですからこの質問は全く失礼になりません。

この質問に対してはっきりと「自分も購入している。家族にも勧めている」と答えられるかどうか聞いてみてください。

余談ですが、弊社では顧客に勧めている商品と、私が父や祖母に勧めている商品は基本的に同じです。

家族から相談を受けた時に最も良いと考える運用をアドバイスするのと同様に、顧客にも自分の家族だったらするであろうアドバイスを提供しています。

第3章

米欧では独立金融アドバイザーに相談するのが当たり前

第1章・第2章で解説した問題は、日本だけではなく米欧でも同様に存在していました。

顧客に不要な売買を促して手数料収入をあげようとしたり、顧客側が不利益になりやすい商品設計であることを知りながら販売したり、そのような慣行は世界共通だったのです。

しかし資産運用分野で日本より20年ほど進んでいる米欧では、そのような問題を解決する方法として独立金融アドバイザーに相談するのが当たり前になっています。

今や、証券会社・銀行に相談する人よりも、独立金融アドバイザーに相談する人の方が多くなってきているのです。

預り資産で比較しても独立金融アドバイザーが大手証券のシェアを逆転しています。

2019年（2009年からのシェア変化）
独立金融アドバイザー　38％（32％からシェア増加）
大手証券　34％（47％からシェア減少）

出所：LPL Financial,"2019 Annual Report"（２０１９）

第３章では米欧で当たり前になっている独立金融アドバイザーの特徴や、日本での普及状況、証券会社・銀行との違いについて解説していきたいと思います。

■独立金融アドバイザーの特徴

独立金融アドバイザーは米欧ではＩＦＡ（Independent Financial Adviser）と呼ばれています。

特徴は以下の通りです。

①担当者（金融アドバイザー）が代わらず、長期的に責任あるアドバイスを受けることができる

②商品の取扱数が圧倒的に多い

③ノルマ商品の販売がない

④特定の金融機関に属さず、中立的な立場からアドバイスを受けることができる
⑤固定費が低いため顧客に過剰な手数料を払ってもらう必要がない
⑥経営者の意思次第で顧客本位の経営方針を貫くことができる

順にご説明します。

①担当者（金融アドバイザー）が代わらず、長期的に責任あるアドバイスを受けることができる

顧客にとって、信頼できるアドバイザーと長期の付き合いができることは非常に重要です。

転勤がある場合は、アドバイスした結果が出る頃にはもう担当者は代わっています。そのため結果に対する責任感は低下してしまいます。

一方で、担当が5年、10年、15年と、長期的に代わらない前提があれば、アドバイザーは結果に強く責任感を持つことができます。

自らのアドバイスで運用を行い、事前の説明通りの結果になったか否かを必ず問われることになるからです。

間違っても「聞いていた話と違う！」と言われるようなことは絶対にしたくありません。

そして良い結果を出し続けることができれば、顧客満足度は高まります。

すると運用資産追加の相談や、家族や友人をご紹介いただくなどの機会が増えてきます。

そのため、アドバイザーは顧客一人ひとりに十分な時間と手間をかけ、成果を少しでも上向かせようという強い意欲を持つことができるのです。

②商品の取扱数が圧倒的に多い

大手証券会社で取り扱っている商品はほぼ全て取り扱いが可能です。

いわば家電量販店をイメージしていただくと良いと思うのですが、どのメーカーが作っているかにかかわらず、全ての商品を横並びで比較し、最も顧客に適した商品を提供することができます。

そのため、これまでは複数の証券会社と取引されていた方から、「ここでは1社で全て取り扱いがあることに驚きました」という感想を頂くこともあります。

③ノルマ商品の販売がない

独立金融アドバイザーはその名の通り、金融機関から独立した立場のため、特定の商品をノルマ販売する義務もプレッシャーもありません。

売らないといけない商品がないため、ご相談者の話を十分に伺い、希望に沿った運用プランを自由に設計することが可能です。

商品を売るためのセールストークを磨くのではなく、顧客の資産運用を成功に導くためのアドバイスに集中することができるのです。

④特定の金融機関に属さず、中立的な立場からアドバイスを受けることができる

提携している証券会社は商品を提供するプラットフォームの役割を担っています。

独立金融アドバイザーはいずれの証券会社を利用するかは自由なため、最も優れた商品やサービスを提供してくれる会社を選ぶことができます。

そのため中立的な立場から本当に顧客にとって良い商品か否かについてアドバイスを受けることができます。

⑤固定費が低いため顧客に過剰な手数料を払ってもらう必要がない

大手証券会社と比較し、独立金融アドバイザーの固定費は8分の1程度と言われています。

取引システムを自前で構築することなく、大手ネット証券のシステムを借りることができるからです。

そのため顧客に過剰な手数料を払ってもらわなくても十分に経営を成り立たせることが可能です。

ただし、独立金融アドバイザーも玉石混交です。

中には証券会社勤務時代と変わらず、なるべく高い手数料の商品を、できる限り頻繁に売買してもらうよう促す人もいます。

相談相手がどのような信条を持ってアドバイスをしているのか、よく見極める必要があります。

⑥経営者の意思次第で顧客本位の経営方針を貫くことができる

上場している大手証券会社や銀行では、四半期ごとに利益を最大化させなければならないプレッシャーを常に受け続けます。

また経営者も数年で交代してしまうため、顧客利益よりも、目先の企業側の利益確保を優先してしまいがちです。

一方、独立金融アドバイザリー会社は創業者＝現経営者であるケースが多いです。

そのため創業者の意思次第ですが、顧客利益を優先しつつ、長期的に顧客も企業も発展していくような経営方針を貫くことができます。

ただし前述と同様、経営者の考え方次第で逆のことも起こりえます。

創業者（または経営者）がどのような経営方針を掲げているのか、信頼に足る人物であるか否かを見極めることが重要です。

以上が、独立金融アドバイザーの主な特徴です。

上記のメリットは顧客にとってはもちろんのこと、証券会社で勤務している営業職員からもとても魅力的な転職先に映るのです。商品ノルマに追われたり、顧客や上司に怒られたりするよりも、正直に中立的なアドバイスを行い、結果的に顧客から感謝される仕事がしたいと考えるのは自然なことです。

■アメリカでは独立金融アドバイザーが最大勢力に

次の図は、アメリカの資産運用アドバイザーが証券会社側に属しているのか、独立金融アドバイザリーに属しているのかという図です。

独立金融アドバイザーは米欧では証券会社のアドバイザー人数を超えて主流になっています（図11）。

以前は証券会社や銀行のアドバイザーの方が多かったのですが、近年は独立金融アドバイザーが増え、シェアが6割程度になっています。

証券会社とシェアが逆転しているのです。

証券営業職員も、ノルマ営業ではなく、お客様とＷｉｎ－Ｗｉｎの関係で同じ方向を向いて仕事をしたいと考える人の方が多いのです。

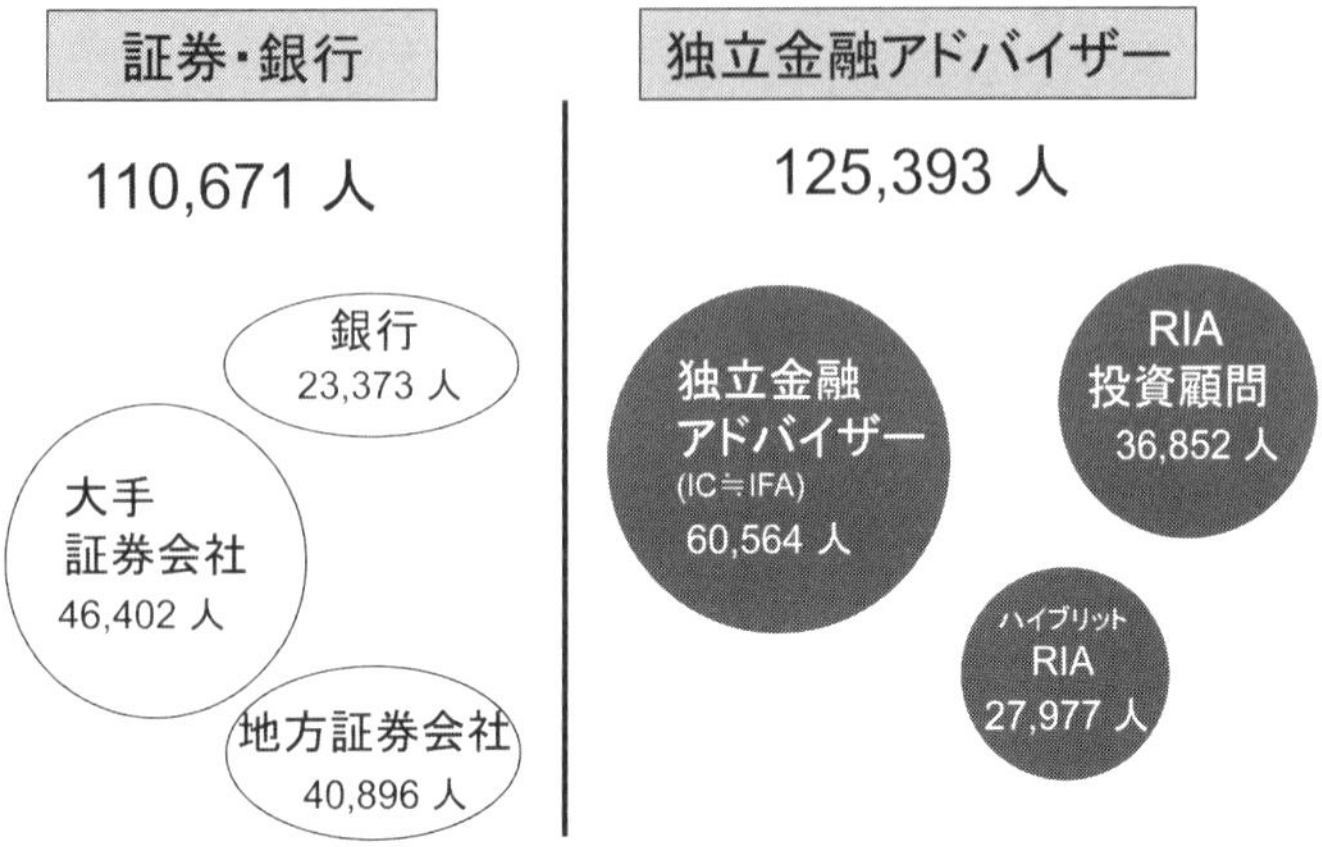

図11　アメリカの資産運用アドバイザー数の推移
出所：LPL Financial HoldingsのAnnual Report 2018より
アンバー・アセット・マネジメント作成

アメリカでは医師や弁護士と並ぶ社会的地位の高い職業として、金融アドバイザーが位置付けられています。

お金のかかりつけ医として、顧客のライフプランをよく理解したうえで資産管理全般をアドバイスするのです。

売買手数料を稼ぐことしか考えない証券営業ではなく、顧客の人生に長く寄り添い、責任あるアドバイスを提供しています。

米欧と同様に、日本でも独立金融アドバイザーが広がっていくように金融庁も期待を寄せています。

私は２０１７年から２０１９年の３年連続、金融庁の方と一緒に独立金融アドバイザーのフォーラムで講演をさせていただきました。

２０１７年の講演で金融庁の水野清司さんがお話しされた中で特に印象的だったエピソードがあります。

それは水野さんをはじめ、金融庁の方が何名かでアメリカ・イギリスの独立金融アドバイザーのオフィスを訪れ、何が日本の証券会社の営業と違うのかを視察に行った際の話です。

向こうでは、顧客の相談に乗る前に30項目以上にわたる詳細なヒアリングがあったそうです。

例えば、

「運用目的について優先順位が高いものは何か？」
「毎年の収入支出のバランスがどうなっているのか？」
「数年以内に考えられるまとまった支出はないか？」
「急な病気など、いざという時のための余裕資金は準備しているか？」
「家族に遺したい資産はどの程度あるか？」

など、今後の人生計画と資産管理計画を事細かくヒアリングするそうです。

このような質問に答えてもらえない場合は、そもそもアドバイスを行わないそうです。

この点が日本の営業担当者と、米欧の金融アドバイザーとの大きな違いを感じた点です。

この点に関しては、弊社もアドバイスをする前にきちんと相談者の置かれている状況や考え方を事細かくヒアリングを行い、正しく理解することを大切にしています。

■【金融庁 金融商品仲介業】で検索

日本において独立金融アドバイザリー事業を行うためには「金融商品仲介業」という免許が必要です。

これは、正式に内閣総理大臣の登録を受けている事業者であることを証明するものです。

金融商品の販売や運用のアドバイス、内部管理体制などについて経験を十分積んできた専門家がおり、適切な業務運営を行える事業者にしか免許は下りません。

投資詐欺に遭わないために、免許を取得している事業者であるかどうかを必ずお調べになってください。

調べる際はインターネットで［金融庁　金融商品仲介業］と検索していただきます。

ご自身でインターネットを使わない方はご家族やご友人に検索していただくことをお勧めします。

検索後、一番上の【免許・許可・登録等を受けている業者一覧】をクリックします。

金融庁のホームページに画面が切り替わります。

下にスクロールしていただき、【金融商品仲介業者】というところをクリックしていただきます。

すると、免許を取得している会社の一覧が出てきます。

弊社は関東財務局において金融商品仲介業者　関東財務局長（金仲）第７１５号として登録されています。

ご確認されたい方は、ぜひ金融庁のホームページでご覧になってください。

■分別管理で資産が守られるので安全

独立金融アドバイザーで取引を行う場合、資産管理は提携先証券会社で行います。

直接顧客の資産をお預かりすることはありません。

顧客は独立金融アドバイザーに相談を行い、注文は独立金融アドバイザーから提携先証券会社に発注を行います（図12）。

ご相談者より

「独立金融アドバイザリー会社や提携先証券会社が潰れたらどうなるのか？」

という質問をよく頂きます。

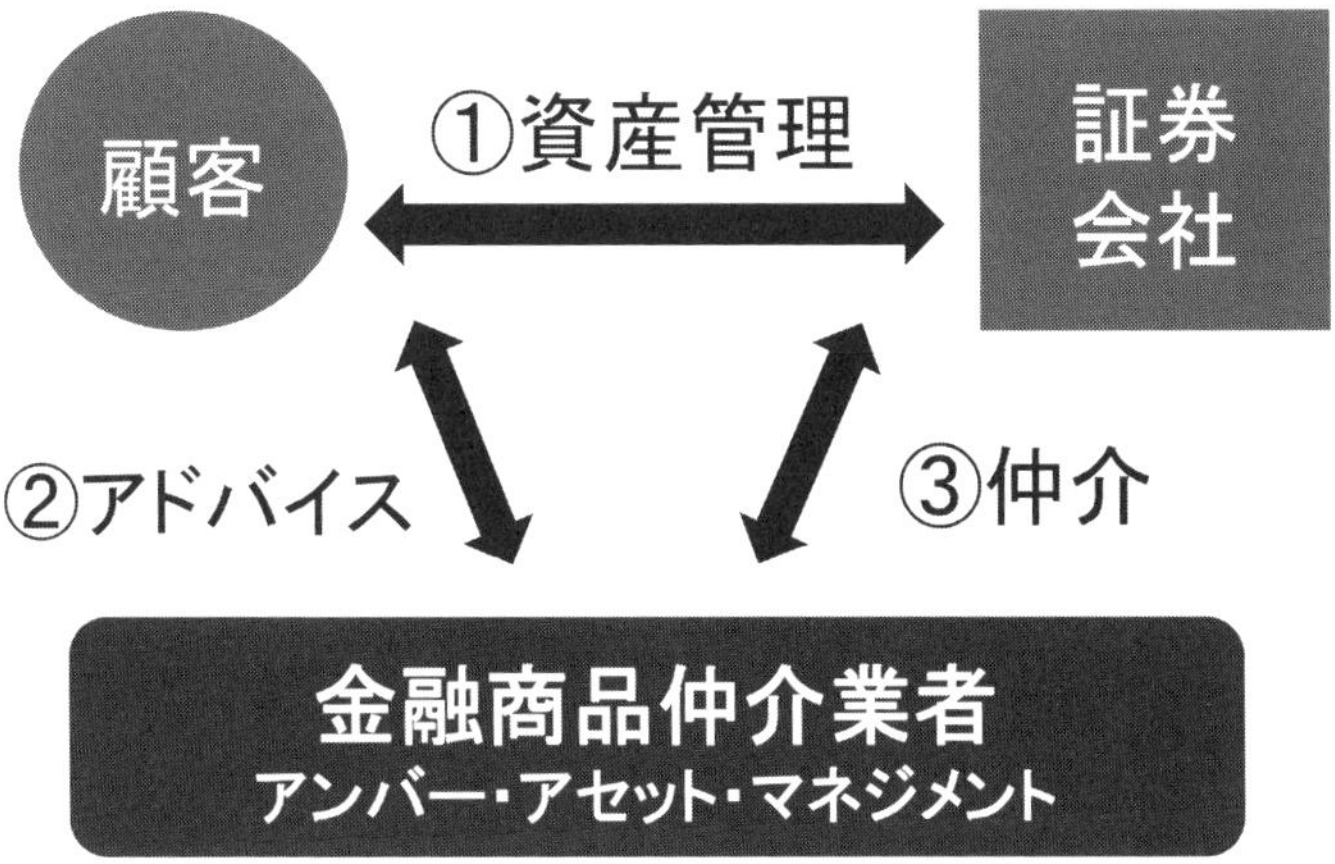

図12　資産管理は提携先証券会社が行う

仮に廃業になった場合、顧客の資産は分別管理されているため、目減りすることなく全額返還されます。

分別管理とは、投資家から預かった資産と、証券会社が保有する自社の資産を分けて管理することです。

分別管理が行われることで、証券会社や信託銀行、運用会社、独立金融アドバイザリー会社が破綻した場合でも、投資家の資産は投資家に返還されます。

分別管理は、法律で定められており、証券会社などには分別管理が義務付けられています。

以前に山一証券が倒産した際も、顧客が預けていた投資信託や債券、株式は証券会社の破綻による目減りはなく、すべて顧客に返還されました。

またその際は資産を売却することなく、他証券会社で取り扱っている商品は原則移管することが可能です。

■提携先証券会社

提携先証券会社として独立金融アドバイザリー会社と契約を結んでいる主な会社は以下の通りです。

三菱ＵＦＪモルガン・スタンレー証券：三菱ＵＦＪフィナンシャル・グループの１００％子会社。

ＳＢＩ証券：東証１部上場ＳＢＩホールディングスの１００％子会社。インターネット証券最大手。

楽天証券：東証１部上場楽天グループのグループ会社。インターネット証券大手。

エース証券：東証１部上場東海東京フィナンシャル・ホールディングスの連結子会社。

ＰＷＭ日本証券：独立金融アドバイザー向け専門証券会社。

上記は特に契約数の多い証券会社をあげましたが、この他にも数えきれないほどの証券会社が独立金融アドバイザーの提携先として名乗りをあげています。

■手数料や費用など

費用体系は会社ごとに様々です。
最も多いのは、以下のような手数料体系です。

相談料＝無料
年会費＝無料
金融商品ごとの取引手数料＝有料
※提携先証券会社で金融商品を購入した際に支払う手数料の一部が独立金融アドバイザーに報酬として支払われるというものです。
対面の証券会社で支払う手数料と変わらず、上乗せの費用はかかりません。

保険代理店と同様の報酬体系です。

上記が主流ではありますが、中には別途年会費や相談料を設定している会社もあります。

それだけでやっていけるのか？ というご質問をよくお受けしますが、実はこの方法で十分に成り立つのです。

それは顧客と、独立金融アドバイザリー会社、提携先証券会社の三方良しの仕組みになっているからです。

顧客にとっては中立的なアドバイスが得られます。

提携先証券会社にとっては労なく新規顧客が増えるため、取り分が少なくてもメリットがあります。

独立金融アドバイザリー会社にとっては、固定費が低いというメリットがあります。

ゼロから証券会社を創業すると、取引システムを構築するだけで莫大な設備投資が必要です。

しかし独立金融アドバイザリー会社であれば、それらの取引システムを作る必要が一切ありません。

提携先証券会社に借りるだけでよいため、固定費が非常に低くなります。

このように、三者にとって嬉しい仕組みになっています。

■手数料の一例

手数料の一例をあげます。

①アメリカの国債を購入した場合
円からドルを購入する際の片道為替手数料
大手証券会社＝０・５円
銀行＝１・０円

	米ドル 為替費用
銀行	1.00 円
証券	0.50 円
SBI証券 楽天証券	0.25 円

図13　為替手数料
2021年6月現在
アンバー・アセット・マネジメント調べ

　ＳＢＩ証券、楽天証券＝０・２５円

上記の場合、同じ商品を購入しても大手証券会社や銀行と比較して、独立金融アドバイザーを通じて購入していただく場合の方が安くなります（図13）。

②投資信託を購入した場合

　購入時手数料率３・３％（税込み）の投資信託を購入した際の費用

大手証券会社＝購入時手数料率３・３％（税込み）

銀行＝購入時手数料率３・３％（税込み）

ＳＢＩ証券、楽天証券＝購入時手数料率３・３％（税込み）

上記の場合、いずれの金融機関を通じても手数料率は同じになります。

この他、取引する金融商品ごとに手数料率は異なるため、都度確認をしてください。

■インターネットは不要

取引にあたってインターネットは不要です。

注文は独立金融アドバイザリー会社が提携先証券会社に発注するため、顧客がインターネットを使う必要はありません。

取引報告書や残高明細は、書面でご自宅に郵送されます。

■デメリット

優れた点が多い一方で、デメリットもあります。

①知名度が低い会社が多く、信頼性が高い会社を探すのが困難

金融商品仲介業として登録を受けている事業者は８７４社あります。

※金融庁ホームページ金融商品仲介業者一覧 令和３年４月30日現在より

徐々にメディアでも取り上げられる機会が増えてきていますが、ほとんどの会社は無名です。

信頼性が高い会社かどうかは、実際の顧客の評判を聞くのが一番ですが、顧客の声を掲載している会社はごく稀です。

②規模が小さい会社が多い

少人数の会社が圧倒的に多く、個人で登録を受けている事業者も多数あります。もし廃業になっても資産は守られますが、アドバイザーが代わってしまうことになります。

そのため独立金融アドバイザリー会社を選ぶ際は、当該企業の継続性、安定性、発展性があるかどうかを見極める必要があります。

③アドバイザーの能力についてばらつきが大きい

大手証券会社で十分な経験を積んだアドバイザーであれば良いのですが、違った業界出身者の方も混在しています。

会計事務所や保険代理店、ＦＰ事務所などが兼業しているケースも多いのですが、その場合アドバイザーの経歴を確認し、証券資産運用に関する専門性が高いかどうかを見極める必要があります。

証券アナリストやＣＦＰⓇ（ファイナンシャル・プランナー）、ＡＦＰ（アフィリエイテッド・ファイナンシャル・プランナー）などの専門資格を持っているかもポイントです。

④登録を受けている会社か確認が必要

金融商品仲介業としての登録を受けている業者であるか、必ず確認を行ってください。

登録を受けている会社か否かは以下を確認してください。

・金融庁ホームページ　金融商品仲介業者登録一覧に掲載されている社名・住所・電話番号が一致している

・会社の入り口に登録番号を記載した看板を掲示している
・顧客に交付する書類に登録番号が記載されている

■まとめ

独立金融アドバイザーの特徴や仕組み、メリット、デメリットについて解説させていただきました。

人によって評価は分かれることでしょう。

ただ米欧ではすでに普及し、証券会社や銀行のアドバイザー数を逆転していることを考えると、日本でも遅かれ早かれ普及が加速していくものと思われます。

私が起業した2014年時点では、証券会社の同僚に「独立金融アドバイザーを知っているか?」と尋ねても、ほぼ誰も知りませんでした。

あれから7年が経過し、証券会社の営業職員に同じ質問をすると、ほぼ全員が認知しているまでになりました。

独立金融アドバイザーは、証券業界からの転職先候補として当たり前になりました。

たった数年でこれほどまでに業界の常識が変化したことにとても驚いています。

第4章

日本における独立金融アドバイザーに相談する価値

第4章では日本の独立金融アドバイザーがどのように拡がりを見せているのか、また弊社はその中でどのような方に価値を提供しているのかについて解説します。

■日本の独立金融アドバイザー

日本で独立金融アドバイザーが認められたのは2003年に証券取引法が改正され、2004年に証券仲介業制度が新設された時からです。

証券会社出身者が独立開業するケースに加え、税理士・会計士や保険代理店が兼業しているケースもあります。

また中小証券会社が固定費負担を減らすため、証券会社から独立金融アドバイザリー会社に業態転換する例も増えてきています。

まだ大手証券と比較し規模やシェアは小さいものの、事業者数、預り資産、アドバイザー人数共に堅調に増加しているのが見て取れます。

アメリカの独立金融アドバイザリー業界が約30年かけて伝統的な証券会社のシェア

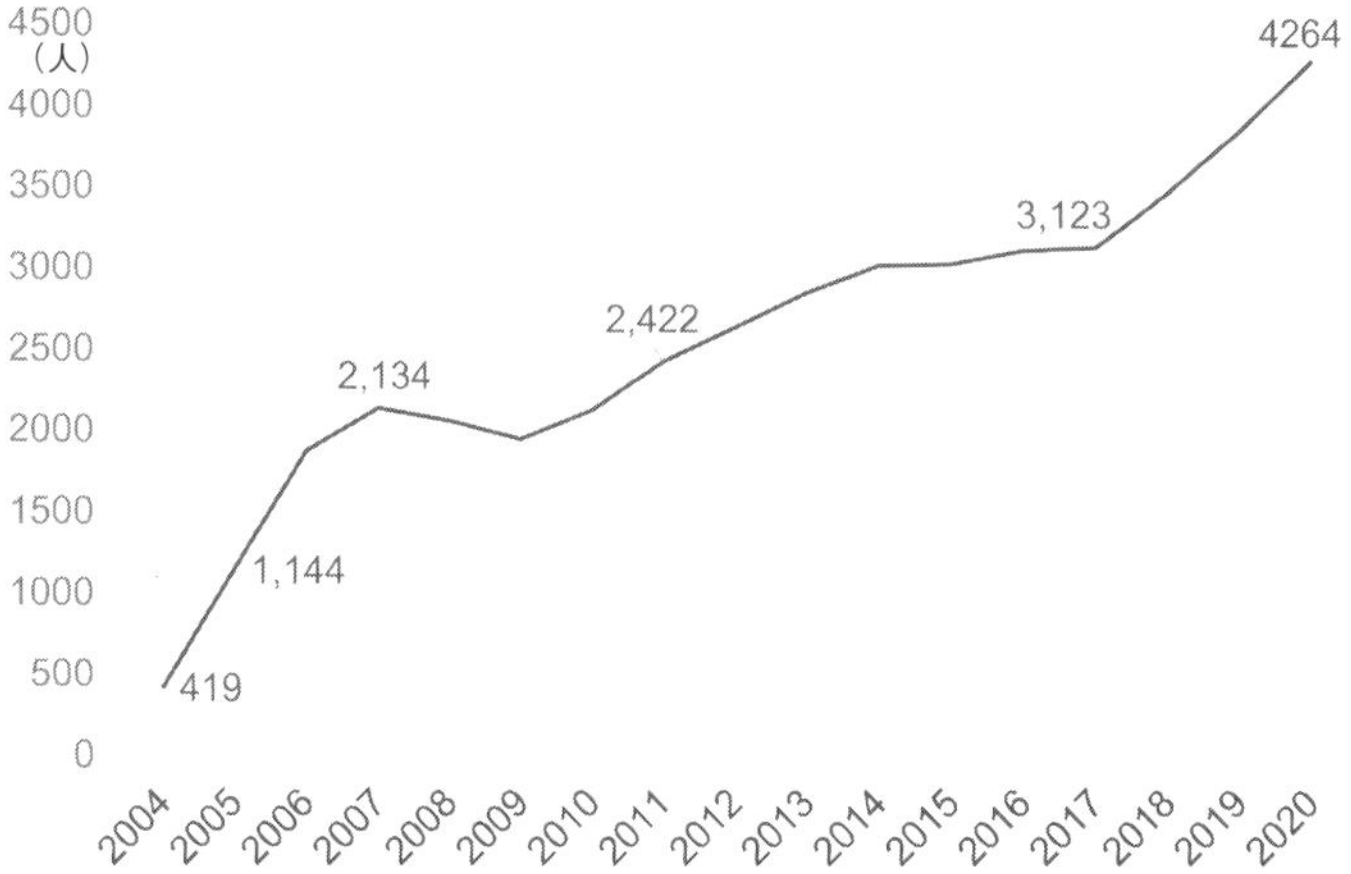

図14　金融商品仲介業者の登録外務員数の推移
出典：日本証券業協会HP

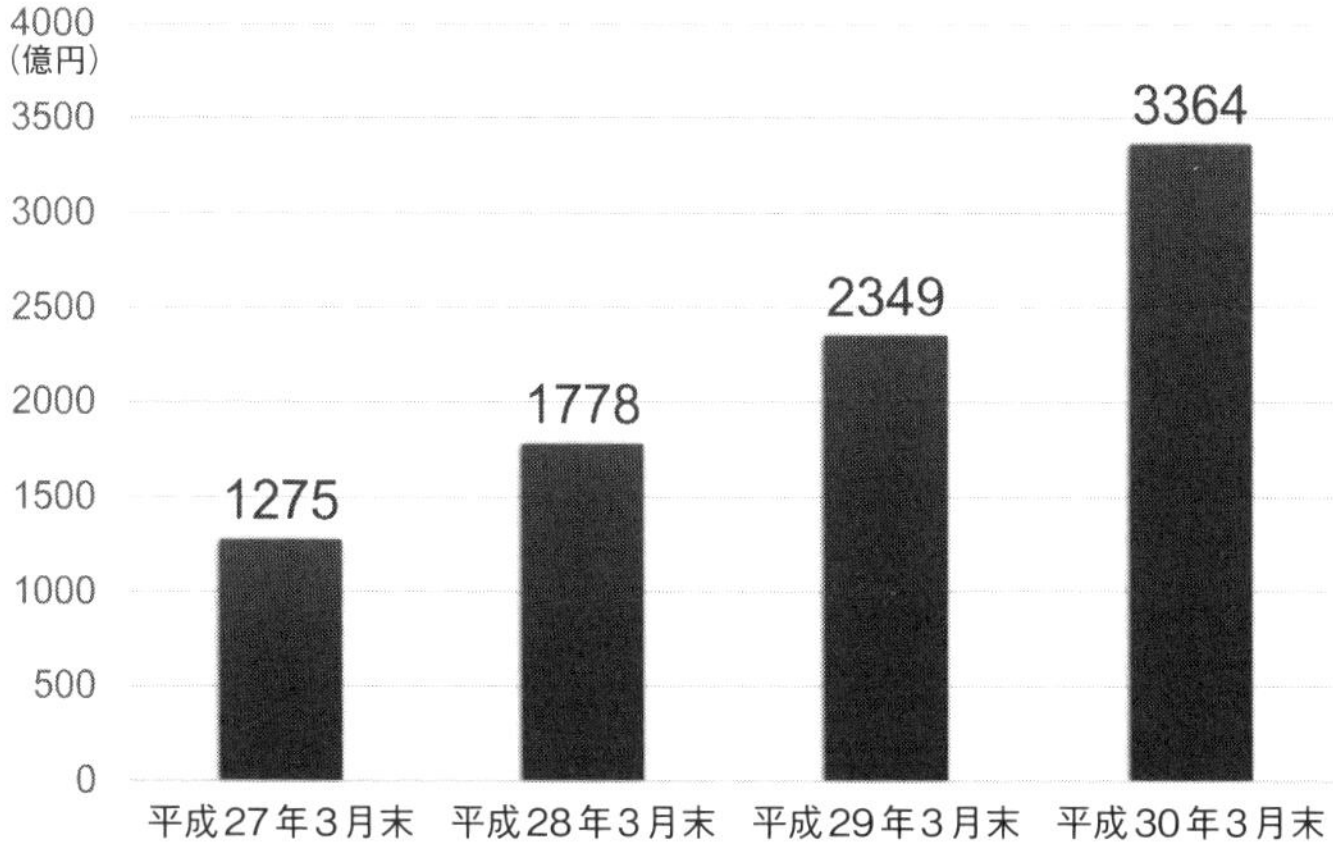

図15　預り資産残高推移
出典：金融庁「金融商品仲介業者に関する調査」

を逆転していったのと同様、日本でも徐々にシェアが入れ替わってきています（図14、15）。

■日本独立金融アドバイザーフォーラム

独立金融アドバイザーの普及は年々進んでいます。年に一度開催される日本独立金融アドバイザーフォーラムは業界関係者やメディアなどの参加者が毎年倍々のペースで増加しています。

金融庁の方も独立金融アドバイザーの普及に期待を寄せていただいており、当フォーラムの基調講演を毎年務めてくださっています。

弊社も大変有難いことに、フォーラムの初年度から3年連続で業界の成功事例としてスピーカーを務めさせていただいています。

以下では、その当時のフォーラムのトピックをかいつまんでご紹介します。

日本IFA（独立金融アドバイザー）フォーラム2019パンフレット（一部）

著者講演の様子

■日本独立金融アドバイザーフォーラム第1回（2017年）

基調講演
「本邦ＩＦＡチャネルの普及に向けて」
金融庁　検査局主任統括検査官　水野清司氏

独立金融アドバイザー普及へ向けて、米欧のアドバイザー事務所を視察した際の考察について披露していただきました。

パネルディスカッション
「日本の資産運用ビジネスを変革する、新たなチャネルからの提言」
株式会社アンバー・アセット・マネジメント　代表取締役社長　友田行洋
弊社の考える証券業界の問題点と、独立金融アドバイザーが提供できる価値についいてお話しさせていただきました。

■日本独立金融アドバイザーフォーラム第2回（2018年）

基調講演

「顧客本位の業務運営の定着と見える化に向けた取り組み」

金融庁　検査局主任統括検査官　水野清司氏

金融機関で投資信託を保有している全顧客のうち、何％の顧客が利益になっており、何％の顧客が損失になっているのかを示す指標を顧客へ開示するよう要望した狙いと、結果について考察をお話しいただきました。

パネルディスカッション

「地域金融機関との連携、ポートフォリオ提案、対面とネットの融合」

株式会社アンバー・アセット・マネジメント　代表取締役社長　友田行洋

金融庁より要望のあった上記の損益状況について、大手金融機関と比較して弊社の顧客の方が利益超過になっている割合が有意に多く、そのような結果を出すことができた秘訣について解説しました。

■日本独立金融アドバイザーフォーラム第3回（2019年）

基調講演
「顧客本位のアドバイザーの育成に向けて～金融機関の顧客本位の業務運営の取組みと顧客意識～」
金融庁　総合政策局リスク分析総括課長　石村幸三氏

証券会社や銀行とは違い、担当者の転勤が無く長期で顧客と付き合える独立金融アドバイザーに対して期待している、とのお話がありました。

パネルディスカッション

ＩＦＡ事例研究「顧客セグメンテーションと新規開拓、関係強化の取り組み」

株式会社アンバー・アセット・マネジメント　代表取締役社長　友田行洋

弊社独自の取り組みである「顧客の本音トーク講演会」や「顧客同士の交流会」についてお話をさせていただきました。

■弊社にご相談いただく価値、メリット

前述の通り、数多くある独立金融アドバイザリー会社の中から毎年成功事例として紹介していただくことができたのは、弊社独自の強みを磨いてきたからです。

弊社にはどのような特徴があるのか、あなたがもし弊社に相談するとしたらどのよ

うな利益があるのかについて解説させていただきます。

①5大証券出身者が勢揃いしているからこそ、各社の内情を踏まえた正確な現状分析や改善案のアドバイスが可能

弊社の社員は野村證券、大和証券、SMBC日興証券、みずほ証券、三菱UFJモルガン・スタンレー証券出身者が中心になります。

ご相談者が取引されている証券会社出身者がいる場合が多いため、保有されている商品や各社の営業戦略について内情を理解している社員より有益なアドバイスを受けることができます。

また改善案についても多数の大手証券出身者が知恵を出し合い、より良いプラン策定を可能にしています。

②家族に自信と誇りを持って勧められる商品・サービスのみを提供する

弊社では証券資産運用における高い専門性があることに加え、上記の理念について

深く共感し、本気で実行し続ける覚悟のある人だけを採用しています。

前述した失敗事例にあるような、自分の家族に勧められないような商品・サービスは提供しません。

③会社全体でアドバイスの質を高い水準で担保

社員個人の能力に任せるのではなく、会社としてアドバイスの方針を全コンサルタントに共有しています。

各専門家と協議の上、最終的には証券アナリストであり、会社代表である私が責任を持って判断を行っています。

弊社社員のアドバイスは会社責任者である私のアドバイス方針に沿ったものです。どのコンサルタントが担当しても高い質のアドバイスが受けられるよう統率を取っています。

④シニア世代に特化した資産管理ノウハウを保有

弊社は独立金融アドバイザリー会社の中でも数少ない、シニア世代に特化した資産管理アドバイスを提供しています。

ご相談者の年齢によって資産管理に求められるノウハウや、経験は全く異なるものになってきます。

数多くの60代、70代、80代、90代のお客様と長くお付き合いしてきたからこそ分かることがあります。

相談者より寄せられる運用の希望に加え、5年先、10年先、15年先を見据えた時に考慮しておくべきことを私達は先回りしてお伝えすることができます。

⑤税効果を考慮した上で、手取りが最大化されるよう配慮した取引を案内します

転勤のある営業担当者は、わざわざ税引き後の手取りを最大化することにまで注意を払ってくれません。

同じ運用をするにしても、税効果を考えるか考えないか、で手取りが大きく変わってくるため非常に重要です。

相場をコントロールすることはできませんが、税効果をコントロールすることは知識と経験と、ひと手間かける思いやりがあれば可能です。

これをやるかやらないかで手取りが変わります。

⑥資産管理診断コンパス®であなただけの資産運用を実現

資産運用を通じてどのような生活や未来を実現したいのか、具体的な将来像を見える化します。

ゴールを見える化することで、現在の問題点、改善点を浮き彫りにすることができます。

⑦分配金健全性診断コンパス®で分配金を健全に

毎月分配型投資信託の良し悪しを全て数字で見える化することができます。

客観的な数字による分析にもとづき、自分自身で良し悪しが分かるようになります。

⑧ファンドコンパスを用いて独立・中立的な立場からアドバイス

全金融機関で取り扱っている、ほぼ全ての投資信託の分析が可能です。金融機関から離れた立場だからこそできる、中立的な投資信託分析サービスを無料で提供しています。

⑨お客様感謝会・交流会へのご招待

お取引が始まった方限定で、お客様同士が自由に情報交換や交流ができる感謝会・交流会へご招待させていただいています。

お客様の満足度が高い弊社だからこそできる会であると自負しています。

参加者より「何年か先に運用をしている方の具体的な話が聞けて自分の将来がイメージできた」「顧客同士が情報交換できる機会は他にないのでとても良かった」といった声をいただいています。

⑩業歴の長い大手独立金融アドバイザリー会社として事業の継続性・安定性・発展性が期

待できる

創業以来89カ月連続で顧客数が増加し、全国6カ所に支社を構えるまでに成長することができました。

継続的に新たなご相談者が弊社に訪れ、顧客数が日に日に増えていく高度な仕組みが出来上がっているためです。

安直な規模の拡大に走るのではなく、事業の継続性・安定性を重視しています。長期間にわたり、顧客へ責任あるアドバイスを提供し続けていく責務があるからです。

会社の発展と共に、顧客へ提供する商品・サービスの質を更に磨いていきます。

⑪インターネット証券1位、2位の会社を活用することで圧倒的な商品ラインナップから選択可能

弊社では提携先証券会社であるＳＢＩ証券、楽天証券の2社で証券口座開設が可能です（図16）。

ご相談者の希望次第でより有益な証券口座を選ぶところからアドバイスさせていただきます。

どちらも大手証券会社で取り扱いのある商品はほぼ全て網羅し、かつ、大手証券会社1社と比較した場合に数倍の商品ラインナップから選択ができるようになります。

提携先としてSBI証券、楽天証券を選んでいる理由はインターネット証券1位と2位で商品やサービスの水準が最も高いためです。

口座数の順位は、現在1位SBI証券、2位野村證券、3位楽天

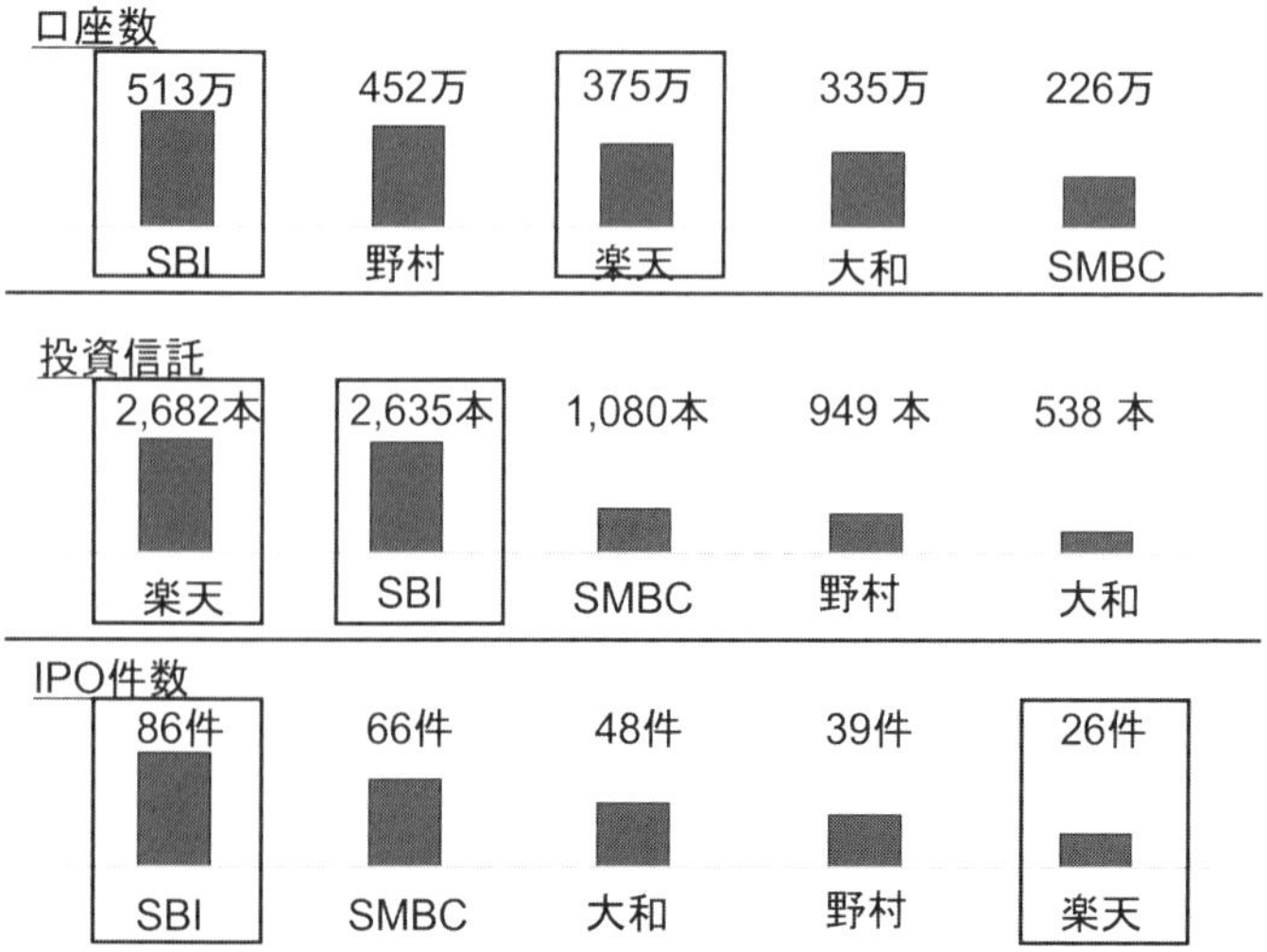

図16　口座数・投資信託・IPO件数

出所：2021年6月現在、アンバー・アセット・マネジメント調べ

※IPO件数は2020年度

証券、4位大和証券となっています。

投資信託の取扱本数を見ると、SBI証券と楽天証券が圧倒的に多いです。

大手証券は自社系列の商品を優先して扱っており、他社商品は積極的に扱いません。

すると、自然と大手で扱える商品は限られてきます。

インターネット証券はどの証券会社の商品も中立的に幅広く扱っているため、取り扱い数が多いのです。

またSBI証券の強みとして、新規公開株式（IPO）の取扱実績が多いことが挙げられます。

これは野村証券の2倍以上多く圧倒的1位です。

SBI証券では大手証券と比較し取扱数が多く、かつ弊社を通じて対面で申し込むと顧客数が限られているため、結果的に当選する確率が高いという優位性があります。

■無料個別相談の特典

本書をお読みいただき、ご自身の資産運用について相談したい、という希望のある方は無料個別相談にお申し込みください。

証券会社や銀行でお持ちの商品について、中立的な立場から良し悪しや改善案についてアドバイスを行っています。

「投資信託、ファンドラップ、債券、株の良し悪しについて客観的に分析してほしい」「運用が改善できるとしたら、どのような方法があるのか証券会社とは違った立場からアドバイスをしてほしい」

という方は、弊社の無料個別相談にお申し込みください。

個別相談を受けて得られるものは以下の通りです。

①証券会社・銀行とは離れた立場から商品の良し悪し、メリットとデメリットについて客観的なアドバイスを受けることができる

商品の販売元に聞いても良い話やメリットは一生懸命教えてくれますが、反面、リスクやデメリットの説明はおざなりになりがちです。

弊社は離れた立場だからこそ、セカンドオピニオンとして正しい情報を包み隠さずお伝えすることができます。

②理想と現実のギャップや問題点を明らかにすることができる

本来実現したかった理想の資産運用と、現在行っている資産運用の間に大きなギャップがある場合があります。

安定運用が希望だったのにリスクの高い商品を多く持っていたり、利益を定期的に受け取る運用が希望なのに受け取りが安定しない運用を行っていたり、様々な問題に気付くことができます。

③資産運用を通じて得たい理想の状態（ゴール）について明確なイメージを持つことができる

一番大切なことは資産運用を通じて目指すゴールが明確になっていることです。そしてそれを信頼できるアドバイザーと共有できていることです。

私達は中立的な立場からできることと、できないことをお伝えした上で、一緒に理想の状態を明確にするお手伝いができます。

④理想と現実のギャップを埋めるための改善アドバイスを受けることができる

目指すべきゴールが明確になり、足元の問題点が特定できれば、後はそのギャップを埋めるだけです。

以下の全ての条件を満たす弊社だからこそできるアドバイスを提供します。

・長期的に責任あるアドバイスを提供できる組織体制
・ほぼ全ての商品から選択できる圧倒的なラインナップ
・中立的な立場
・証券アナリスト及び各分野の専門家との協力体制による分析
・家族に誇りと自信を持って勧められる商品・サービスのみを提供する経営方針

■個別相談が有益な方とお断りするケース

次のいずれかに当てはまる方は個別相談を受けていただくことで有益なアドバイスを得ることができます。

・証券会社や銀行で資産運用を行っている方
・これから資産運用を始めようと考えている方
・失敗事例に心当たりのあった方
・独立金融アドバイザーのアドバイスを受けたことがない方

一方で次のいずれかに当てはまる方は個別相談をお断りしています。

・短期売買を希望されている方
・個別株式の運用のみを希望されている方
・弊社での運用を全く検討していない方

■ご相談方法、ご相談場所

ご相談方法は3通りあります。

①ご来社

東京（有楽町駅）、横浜（横浜駅）、埼玉（大宮駅）、千葉（千葉駅）、大阪（梅田駅）、神戸（三ノ宮駅）の各支社へ来社いただき、ご相談いただくことが可能です。

※最新の支社開設状況はお問い合わせください。

②電話相談

お電話でご相談が可能です。

分かりやすい紙の資料を郵送し、お手元で見ていただきながら電話で相談を承っています。

③テレビ電話相談

ボタン一つで簡単につながるテレビ電話を無料貸出しています。

90歳の方でも、機械が苦手な方でも簡単にご利用いただいています。

顔を見ながら話ができますので、気軽にお申し出ください。

■申込方法

申込方法は3通りあります。

個別相談希望である旨と、つながりやすい電話番号、つながりやすい時間帯をお伝えいただくとスムーズです。

①電　話　0120―770―777

②FAX　03―6380―9756

③ハガキ　〒100―0006　東京都千代田区有楽町2―10―1　東京交通会館11階1112

保有商品の分析を希望される方は、商品名等の一覧を事前にお送りいただくとより具体的なアドバイスがしやすくなります。

第5章

独立金融アドバイザーの顧客の声

独立金融アドバイザー、すなわち弊社でお取引いただいている実際のお客様の声をご紹介します。

弊社では、顔出し、実名出しでインタビューにお答えいただいている方がたくさんいらっしゃいます。

普通公の場で自分の名前と顔を出して、自分が過去にどういう運用をしてどういう失敗をしたのか、という内容を公開してくださる方は非常に稀だと思います。

なぜお話ししていただけたのかというと、

「自分の経験を伝えることで、同じようなことで失敗してしまう人を助けたい」

との想いからインタビューにご協力いただいています。

■お客様インタビュー　鵜飼一嘉様・齊藤豪様

強い信頼関係があるから友人にも紹介できる。
腹を割ってお金の話ができる独立金融アドバイザー（ＩＦＡ）がもっと増えていけ

ばいいなと思います。

Q　まず、現在のお仕事からお聞かせください。

鵜飼様　21年前、それまで勤めていた会社を辞めて以来、フリーのアナウンサーをやっています。現在はラジオの他、テレビのキャスターやイベントの司会などもやっています。

齊藤様　私は昨年6月に退職し、数カ月前から妻の夢だったカフェを夫婦で運営しております。退職後はしばらくゆっくりするつもりでしたが、妻と話し合い、新しい仕事として始めてみることにしま

著者（左）、鵜飼一嘉様（中央）、齊藤豪様（右）

した。

Q　お二人はどういった関係なんですか？

齊藤様　大学のころに知り合って、それ以来、折に触れて親しくしています。かれこれもう40数年になります。

鵜飼様　僕の方が少し先にアンバーさんとお付き合いをしていて、彼の退職時期が近くなった去年の夏頃、アンバーさんを紹介したんです。

Q　齊藤さんは鵜飼さんからご紹介を受けて、アンバーを知ったんですね？

齊藤様　ええ。鵜飼君に紹介してもらって、すぐにセミナーを受けました。それまで、少額ですが株や投資信託を買っていたのですが、セミナーを聞いて自分がやっていたことの間違いに気づき、大きな考え方の違いに衝撃を受けました。その後、個別面談を受けて、そのまま契約。去年の秋からスタートしています。

鵜飼様　僕は去年の春ごろ、新聞広告でアンバーさんのセミナーを知ったんですが、セミナーでの講演を聞いて衝撃を覚えました。当時私はいくつかの証券会社と付き合いがあったのですが、どんどん資産が減っていくという事態が起きていました。これはどうにかしなきゃいけないと思っていたところに、友田さんのセミナーを見つけ、疑心暗鬼になりながらも参加したところ、私のこれまでの失敗がすべて当てはまったんです。本当に１００％。すぐその場で個別面談の予約をさせてもらって、現在に至ります。

Q お二人とも、大きな驚きとともにアンバーに出会ったわけですね。

鵜飼様 はい。個別面談では、自分の財産の内訳を明かして相談に臨みました。逆に僕の方からも、アンバーさんの仕事について結構細かく質問したんです。

どうやって儲けているのかといったことから、自分の資産をアンバーさんにではなく証券会社に預けるということなど、きちんとお話をして全部腑に落ちました。そして、この人は間違いないと思って、移せる資産は全部アンバーさんに移しました。

齊藤様 僕の方は鵜飼君とすでにいろんな話をして、彼が私に紹介するぐらいだから、という安心感はありました。個別面談でも、かなり率直に自分のお金の話を誰かにしたのは、初めてだったと思います。信頼というか、この人だったらちゃんと話していいかなと思えましたね。

Q　金融関係で、これまで、そうした信頼感を得られる相手はいましたか？

齊藤様　少し前まで、ＩＦＡのような独立系の資産運用のアドバイザーって、広まっていませんでしたよね。例えば、金融機関にいながら中立的なアドバイスをしたいと思っても、その会社で扱っていない商品を紹介するのが難しい。そうした状況なので、信頼しきって相談するというよりは、ある程度割り切って話を聞く必要があったと思います。

鵜飼様　構造上仕方のないことだとは思いますが、「仕方ない」と開き直って金融機関が何も変わらなければ、信頼を得ることはおろか、ビジネスの継続も危ういのではないかと私は思っています。最近言われている「顧客本位の業務運営」は良い流れではないでしょうか。自分の利害とアドバイザーの利害が一致するＩＦＡという形態は、顧客本位にマッチするスタイルだと思います。

Q　実際にアンバーとお付き合いをしてみて、いかがでしょうか？

鵜飼様　アンバーさんと決めた目標数値を継続して超えています。ただ、運用している数本の投資信託のうちパフォーマンスがなかなか良くならなかった時期がありました。アンバーさんにそのことを相談したら、「今はマイナスでも、違う局面になった時にいい方向に動くんですよ」という話をしてもらって、実際にパフォーマンスが良くなっているので腑に落ちています。アンバーさんとのお付き合いを通じて、長い目で見た資産運用の大切さを感じています。目の前の状況に一喜一憂しないことが非常に大事ですし、分からないことは電話して話を聞けるので、アンバーさんの話を聞いて修正すべき点は修正すればいいと思っています。

齊藤様　投資信託には本当にたくさんの商品があると思います、その中で、アンバーさんにはいろいろな商品を、広く、きちんと紹介した上で最終的な選択を出すような形の提案をしてもらいました。個別相談で話した自分の楽しみや生きがい、サラリーマン時代の生活を結構話し込んだうえで、じゃあこの先どう生きていくのか。そのために必要となるお金はどうするのか、という話を率直に話して、理解してもらった上で提案をしてもらえたのは非常に良かったです。

Q　1年ほどお付き合いをされた今、IFAはこれから普及すると思いますか？

齊藤様　ＩＦＡを紹介されるまで全然知りませんでしたが、本を読んだり、セミナーを聞いたり、実際にアンバーさんとお付き合いをして、これからＩＦＡは増えるんじゃないかという気はします。証券会社とＩＦＡの立ち位置には、決定的な違いがあるじゃないですか。その違いこそがＩＦＡの特徴であり、存在価値じゃないかなと思います。

鵜飼様　私は間違いなく有望な業界だと考えています。もし若ければ、自分もＩＦＡをやりたかったくらいです（笑）。ただ、ＩＦＡの知名度はまだまだ低い。普及のためには、まず存在を知ってもらわなければいけないし、それと並行して業界団体なども設立し、健全な競争が働くようになってほしい。お客様と信頼関係を築いて一つひとつ結果を出していけば、私のように友人を紹介するケースも増えてきますし、そうしてＩＦＡが普及していけばもっと資産運用が健全化されるのではないかなと思います。私や斎藤君のように、信頼できる人に資産運用を任せられる人が一人でも増えることを願っています。

（出所：独立金融アドバイザー専門雑誌『Advanced IFA 2018』私のＩＦＡ体験より）

■お客様インタビュー　小嶋悠美子様

小嶋悠美子様は、２０１７年に弊社のセミナーに参加され、個別相談を申し込まれました。

その後、「資産管理診断コンパス®」などを用いて資産の見直しを行った事例をご紹介します。

証券会社の言いなりだったかもしれない

書道を本格的に始めた際、日本の書道史にも名が残る高名な先生のもとへ、奈良、大阪までお稽古に通うという生活を数十年続けてきました。当初から書道にかかる出費を投資などの収入から充当していました。

長いこと投資を行ってきました。しかし、数年前にびっくりするくらいの大損失を出すという経験をしてしまいました。人に相談もできず、これからどうすべきか、随分悩みました。

著者（左）、小嶋悠美子様（右）

当時の証券会社の担当者の方とは、普通に信頼関係があると思っていて、商品の説明を受け理解したつもりで買っているという感覚も持っていました。でも実際は、きちんと商品について理解していた訳ではなく、結果的には証券会社の担当者の都合のいい方向に持っていかれていたのです。

失敗事例のうち8つが当てはまっていた

実際にアセットのセミナーを聞いたところ、「これはやってはいけない」という項目が10ほどあり、その中の8つが自分に当てはまってしまっていました。また、友田さんのこうあるべき、というお話にも共感する部分が多く、自分がしてほしい運用のやり方と合致するところも多かったです。

人生設計のことも含めて長期的な視点で

個別面談では「よくある失敗事例」についてさらに詳しく説明していただいたので深く納得しました。だから、なるべく早く自分の運用資産を整理整頓しなければならないという気持ちが強くなり、実際にアドバイスを受けて運用を始めました。アンバーでは、商品のことだけではなくて、人生設計のことも含めて長期的な視点で運用の相談に乗っていただきました。

安心感、そしてゆったり感はとても良い

運用を始めて、実際に説明を受けた通りに動いています。そういう意味では、心配していることはなく、ゆったりとした時間を過ごせています。これまでお付き合いしてきた証券会社では、強引な勧誘電話や訪問も度々あったので、そこにストレスを感じていました。だから、今のゆったり感はとても心地よく、さらにこのままの運用が続いてくれたらとても嬉しいです。

いかがでしたでしょうか?

小嶋さんの見直し前の運用状況における問題点は大きく2つありました。

1つ目は、第1章で取り上げた失敗事例の商品を中心にお持ちだった点です。

２つ目は、安定運用を希望されているにもかかわらず、過剰にリスクの高い資産に偏っていた点です。

そこで運用意向について資産管理診断コンパス®を用いて詳細に話を伺いました。小嶋様のどのようなお金が今後必要になるのか、何年ほど運用に回せそうなのか、どの程度の受け取りを希望されるのか等々を教えていただきました。

診断の結果、過剰にリスクの高い資産の整理を行い、安定的に小嶋様が必要な受け取りをできる運用に見直しを行いました。

リスクを下げ、分散し、中長期的に継続保有ができる資産を中心に据えたため、短期的な変動はもう気にならなくなったそうです。

運用の安定とともに精神的にも落ち着いた気持ちで毎日を過ごせるようになった、と感想を頂いています。

その後小嶋様には仲の良い友人を紹介していただき、２人で弊社セミナーに参加していただきました。

個別相談へ進み弊社で見直しを行った結果、ご友人のひどいマイナスだった金融資産の運用状況も改善することができました。

弊社の特徴の一つとして、ご紹介が生まれやすいということが挙げられます。

大事なご友人を紹介していただく、ということは私たちにとって最大の誇りです。

今後も一人ひとりの信頼や期待に応え、良いご紹介の輪を拡げていけるよう努力を続けていきたいと考えています。

■お客様インタビュー　塩野善男様

お金のことを気軽に相談できる相手が身近にいてほしい。

そんな気持ちは、誰もが思っていると思います。

Q　まずは塩野さんの投資経験から伺えますか?

塩野様　今は定年退職したものの、私はもともと教員で、教員の世界というのは非常に狭い世界でした。もっと世界を広げたいと思い、32歳の時に青年会議所に入会したところ、周りはほとんど商売をされている方々。お付き合いをしていく中で、経済的な知識も身に付けておかなければならないと痛感しました。

とはいえ、教員の世界では机上の空論になりがちですから、実学こそが重要だと思い、株式投資を始めることに。当時はバブル経済の真っただ中です。私はゴルフをやりませんが、会員権を持っていれば数年でその値段が何倍にもなるような時代。いくつかの証券会社とお付き合いし、それなりに良い思いをさせてもらいました。

ところがバブルがはじけると、今度は

塩野善男様（左）、著者（右）

一転してかなりの損失を抱えてしまいました。ただ、それで懲りないのが私なんです(笑)。その後はコツコツとお金をためていきましたが、今度はリーマン・ショック直後の底値に近いところで株式に投資し、それなりの利益を得ることができました。

Q　まさに投資のベテランなわけですね。

塩野様　ただ、そうした目先の相場に一喜一憂するような投資法はその時にもうやめようと思いました。とはいえ、低金利で銀行預金の利息はほとんどつかず、私は結婚が比較的遅かったので、子供の学費をはじめ、まだまだ生活費はかかります。年金だけではやはり厳しい。しかも、私は付き合いが広いもので、後輩と飲んだりすればやはり多めに払わなければならず……。

そこで関心を持ったのが投資信託で、自分でも勉強しようと思ったものの、なかなか時間が取れません。ですから、専門家にお任せしたいという気持ちもありましたが、かといって銀行や証券会社など、大手と名のつくところはあまり信用できない。結局は事務所などの箱モノや人件費をどこかで賄わなければいけないわけですからね。

そんな時にたまたまアンバー・アセット・マネジメントさんのセミナーに参加しました。確かタイトルは、「急落から守る！　投資信託の見直しセミナー」でしたか。実際にセミナーで話を聞いてみると、これまであまり聞いたことのない内容で、代表である友田さんがＩＦＡとして独立された経緯なども伺い、「これまでの金融機関の人とは違う」と感じて面談してみることにしたんです。

Q　セミナーの内容に共感されたとはいえ、実際にお取引を始めるまでには不安もあったのでは。

塩野様　長年の経験がありますから、人を見る目はそれなりに持っているつもりで、実際に友田さんと会ってみると、これは信用できる人だと確信しました。それでも、大事なお金を託すわけですから、二度、三度と面談を重ねていったんです。

ちょうどそのころ、大手の証券会社からも投資信託を案内されていて、ある商品にこれだけ投資をすると毎月の分配金が20万円近く受け取れる、といった提案を受けていました。それは確かにありがたい話で、心も動きかけていたんですが、やはりプロの意見も聞いてみようと友田さんに相談してみました。

実はそのころの私は、普通分配金と特別分配金の違いも分からず、元本を取り崩して分配金が払われていることなど全く知りませんでした。その仕組みを丁寧に教えてもらい、「これはとんでもない話だ」と。そうした経緯もあって、やはり信頼できる人だと改めて確信し、最終的には投資資金のほとんどをお任せすることにしました。もっとも、銀行から資金を移動させる際には、振り込め詐欺を疑われたりして（笑）。なかなか大変ではありました。

Q　実際にアドバイスを受けてみて、特に印象に残っているのはどんな点ですか。

塩野様　医者の診断を受ける時には、問診表が必要ですよね。それを元にさらに質問され、検査をして、初めて診断がつき治療が始まります。同じように、事前にヒアリングシートという用紙に記入し、いろいろと質問をしてくれましたので、私自身も過去の失敗も含めて正直にお話ししました。その上で、投資の目的に沿ったアドバイスを、きめ細かくしてくれたのをよく覚えています。

Q　塩野さんの投資目的とは具体的にはどのようなものなのでしょう。

塩野様　私は年齢とともに人間関係をしぼませるのではなく、もっといろいろな人とお付き合いしたいという気持ちが強かったため、やはりそれなりのお小遣いがほしいということが、まずありました。その一方で、運用資金とは別に家族に遺すお金も準備しておきたかった。その資金についても相談に乗ってもらいました。ですから、私は家族に対しても、「私に万一のことがあっても、お金のことは友田さんに相談すればすべて大丈夫」と伝えてあります。

Q　そこまで信頼されているわけですね。

塩野様　私が教員時代に何を大事にしていたかといえば、やはり「目の前の生徒を幸せにする」という一点です。それはいわば「利他」の心です、一流の営業マンの方々は誰もがそうした精神を持っている。私は青年会議所に入ったこともきっかけとなり、教員というよりも一流の営業マンに徹しようと考えてきました。

そうした目で見ても、友田さんは「利他」の心を持っている、まさに一流の営業マンだと感じました。大手の証券会社を辞めて独立金融アドバイザー（ＩＦＡ）として独立した理由も、転勤のない環境で顧客と長く付き合っていきたかったからとのことで、それは自分たちが提供するサービス、アドバイスを通じて顧客に幸せになってほしいということでしょう。そうした誠実さが、それこそ〝ビビビ〟という感じで伝わってくるんです（笑）。

Ｑ　ＩＦＡの皆さんはやはりそうした「志」を持って起業された方が多いようです。最後にＩＦＡの方々に対する期待をお聞かせください。

塩野様　私は友田さんと出会えて本当に幸運でしたが、お金のことを気軽に相談できる相手が身近にいてほしいという気持ちは、誰もが持っていると思います。その潜在需要はすごくあるように思います。ただ、大手の金融機関だと、残念ながら先方に都合よく誘導されて、気付いたら「こんなはずではなかった」となってしまいがちで、文句を言おうにも担当がすでに異動になっていたりもする。何でも相談できるという関係にはなりにくいでしょう。だからこそ、まさに利他の心を持った、安心して自分の資産を託せるようなＩＦＡが、一人でも増えていってほしいですね。

（出所：独立金融アドバイザー専門雑誌『Advanced IFA 2017』私のＩＦＡ体験より）

■お客様インタビュー　野沢秀雄様

Ｑ　これまでの人生や仕事について教えてください。

野沢様　京都で高校教師をしている両親のもとに生まれました。国立大学に進学後、明治製菓に入社しサラリーマンとして働いていました。

当時熱心に取り組んでいた自己トレーニングの本とダイエット本を出版し、どちらも１００万部の大ヒット、本業では明治製菓の健康産業部でプロテインパウダーの普及に努めた後に独立しました。ちなみに今は新型コロナに関する本を執筆中です（笑）。印税や会社経営でお金にゆとりができ、証券会社に口座を開設しました。

Q　証券会社での運用はいかがでしたか？

野沢様　金融知識がなかったので、営業マンの言うとおりに売買をしていました。「この銘柄はこれから上がります！」「この銘柄で100万円損がありますが、これを買えばマイナスを取り戻せます！」などの営業トークに乗せられて1年間で14銘柄の売買をしたこともありました。最初は順調に殖えているなって思ってたんです。でもそれって僕が資産を定期的に積み立てていただけだったんですね（笑）。それに気づいたころには1300

野沢秀雄様（左）、著者（右）

万円も損をしていました。

Q 証券会社で不満に思ったことはありますか？

野沢様 金額上は損をしていたのですが、担当者はとても親切に対応してくれていたので、不満に思うことはありませんでした。彼の上司に直接担当を代えないでくれって頼んだくらいです（笑）。私に運用の知識がなかったので、こんな親切な人が損をしやすい商品を紹介するはずがないって思っていましたよ。

Q セミナー参加のきっかけはどのようなものでしたか？

野沢様 親切だった担当者の方が代わってしまい、証券会社以外での運用を考えたからです。ホテルニューオータニで開催されていて安心感もありました。

Q セミナーで印象に残ったことはありますか？

野沢様 セミナーで紹介されていたNGな投資方法で自分の持っている銘柄が紹介さ

れたんですね。親切だと思っていた担当者の方はこんな銘柄を勧めてきていたのかって。

Q　証券会社とアンバーの違いはありましたか？

野沢様　証券会社は悪いことは絶対に言わないです。その人の運用状況に関係なく取引させようとしてくる。持ち前の営業トークで商品を進めてきますが基本嘘だと思ったほうがいいです。アンバーは一度運用を始めたら営業の電話は一切ないですし、紹介する商品もしっかりとリスクを説明してくれます。

Q　証券会社で運用しているときとアンバーで運用しているときの心の持ちようの違いはありますか？

野沢様　長期で保有する前提で運用しているので運用状況を気にしなくてもよくなり、とても安心して暮らせています。心の健康は一番の財産ですね。

Q　証券会社で運用している個人投資家へメッセージをお願いします。

野沢様　証券会社はお客さんに短期で売買させた手数料が一番の売り上げになります。私たちが損をするか得をするかは二の次なんです。金融知識のない方を営業トークで説得して手数料を売り上げる。これがいまの証券会社の実態です。

アンバーは短期で売買させることもなければあえて手数料の高い商品を紹介することもありません。一人ひとりのお客さんの立場で運用プランを考えてくれます。

証券会社で損をしてしまっている方や現在の運用に不満のある方は、ぜひアンバーを利用してみてください。

■お客様インタビュー　安本寅済様

今年の4月で会社を起業してちょうど丸20年という節目になります。

20代の頃は「自分が働いて稼ぐ」、という方が先でしたので、正直なところ資産運用には興味はありませんでした。

資産運用といっても貯金をして時々証券会社や銀行員のお勧め商品をちょこちょこ買っていたくらいでした。

しかし証券会社に言われるがままに運用していたんですが、なかなかうまくいかず、成果が上がりませんでした。

そして、40代半ばくらいから非常に焦りと危機感を覚えるようになりました。自身が築き上げてきた資産を、自分が時間と労力を費やして守るのか、あるいはプロの人にお任せできるのか、そういう人はいるのか。そういったことを考えていたタイミングで友田さん

安本寅済様（左）、著者（右）

のことを知り、セミナーに参加しました。

セミナーでは、本当に人と人とのお付き合いができるのか、面と向かって相談に乗ってもらえるのか、というところを見させてもらいました。というのも、証券会社や銀行では私と証券マンは常に一方通行だったからです。私が「こういうのはどうなんですか」と言っても、それに対して噛み砕いたりアレンジした答えが返ってこない。

向こうもあるとき急に「これが一番です」、「これが最高です」と言うだけでキャッチボールのない現状でした。

友田さんとお付き合いをしようと決心したのが、お会いして3カ月弱くらいでした。私の投資経験や実情、ビジネスなど全てを友田さんにお話ししようと思いました。資産を友田さんに預けるに至っては、友田さんを信頼して家族、会社というところを全てオープンにしました。そういったことを経て、現在私は良い意味で友田さんに任せっきりです。もちろん最終判断は自分で行いますが、そこまでの導き、アドバイスなどは友田さんにお任せしています。その分私の労力や時間を自分の本業であったりプライベートであったり、趣味であったりに費やしています。

これからも、きちんと資産を守って運用し、子供たちも含めて将来的にずっとお付き合いしたいと思っています。友田さんに会えたことは、私の人生の歴史に刻まれたじゃないですけども、間違いなく宝になっています。家族、会社、社員、幸せ・健康が何より大事ですが、それに加えて今までの経験を更に活かす、で、なおかつ新たな挑戦をして公私ともに繁栄できれば良いと思っています。

■経験者から学ぼう！　個人投資家の本音トーク講演会

弊社は半年ごとにお客様感謝会・交流会を開催させていただいております。

運用でずっとうまくいかなかった方から、

「アンバー・アセット・マネジメントに出会えて良かった」

小嶋悠美子様
(カルチャースクール講師)

安本寅済様
(株式会社安本商事　代表取締役)

鵜飼一嘉様
(有限会社ハートフルヴォイス　代表取締役)

経験者から学ぼう！　個人投資家の本音トーク講演会
2019年7月28日（日）ホテルニューオータニ

などの言葉を感謝会の時に頂く度に、この会社を興して本当に良かったと感じます。

機会があれば、ぜひご参加ください。

Q　以前の証券会社や銀行とのお付き合いはいかがでしたか？

安本様　投資に関しては私はそんなに経験が長くなくて、証券会社さんや銀行さんとの取引の中で投資信託などをお付き合い程度にやっていたのが現状です。

ものを売る商売をやっている身としては、ものを売って稼ぐことは得意だった一方で、自分のお金をどうしたら良いのかは分かりませんでした。

資産として築き上げたものをどうしたら良いかということは、セミナーを聞いたり本を読んだりしてもいまいちピンときていなくて、2008年から三菱UFJモルガン・スタンレー証券本店さんと取引をさせていただいていました。

現在も小額だけ取引をしています。

社長の友田さんもお話しされていますが、担当者がコロコロ変わっていて、担当員の言われるがままに自分のお金や会社のお金を使って商品を購入してしまった。

成功とは言えない結果だったと考えています。

「勧められるままに投資をしたが、結果としては成功とは言えなかった」

小嶋様　なぜバイオ系の投資信託に切り替えたのか、手数料目的の売買だったんですか？　と聞いたところ、担当者の人が「そう取られても仕方ありません」とおっしゃっていました。私が、新人の給料を捻出するためにやったのかと勘ぐったところ、「そう取られても仕方がありません」というふうにおっしゃっていました。

「商品の乗り換えを勧めたのも、結果は手数料が目的だったのではないか」

鵜飼様　「今、トルコ･リラとか南アフリカ・ランドが30％引きですよ」という勧誘に従って買ったところ、まんまと証券会社の罠にはまりました。

「勧められたトルコ・リラ、南アフリカ・ランドを良い商品と思い、罠にハマってしまった」

証券会社は内容の開示があまりにも酷いです。
投資商品についてのメリットとデメリットの両方をきちんと開示して判断を仰げば良いのですが、デメリットは小さな声でほとんど言わないといった様子でした。

「デメリットは小さな声で、メリットは大きな声で」

Q　アンバー・アセット・マネジメントで始めてから何か変化はありましたか？
小嶋様　ハイリスクの世界から一刻も早く抜け出したいと思い、酷いマイナスを出した時に一刻も早く商品を切り替えようと思いました。
元本割れをしなくて緩やかで良いからプラスが出ていくようなプランを友田さんに

はお願いしました。

「元本割れはせず、かつ趣味や楽しみに使えるお金が入るように運用したい」で毎月振り込まれてくる配当で自分の趣味などにお金がつかえるような運用に切り替えました。

「自分が望んだような安定した運用ができている」

安本様　私はアンバーさんをかかりつけのお金のお医者さんだと思っています。先ほどから申している通り、お金の心配を一切せずに自身の事業を進めていけています。

それと同時に子供たちにもジュニアＮＩＳＡを持たせているので、新聞を開くようになりました。ですので、家族にとっても、私の場合は会社もやっていますので、会社にとってもお金のお医者さんだと認識しております。

「まさに、かかりつけのお金のお医者さんだと思っています」

鵜飼様　現在友田さんと打ち合わせをしてポートフォリオを組んでいるのですが、円建ての投資信託とドル建ての債券の2つに私は分けました。

投信がプラス17％くらいなので、債券と合わせて8％くらいのプラスになっています。

以前は基準価格も見ていたのですが、今は一切そういったものを見ることがなくなりました。

「今は何も考えず、安心して過ごせている」

この様な本音トークの後に、参加者同士の交流会もさせていただいています。

皆様お互いに初対面ですが、非常に盛り上がります。

なぜかというと、皆様同じような失敗を証券会社や銀行で経験されているからです。

「信じていた証券会社、銀行でうまくいかなかった理由がずっと分からなかったけれども、アンバー・アセット・マネジメントに出会い、初めてその理由が分かった」という方が多くいらっしゃいます。

そして弊社で運用することによってようやく成果を実感できたという方が多くいらっしゃいます。

短期的な変動はありますが、「アンバーでやってよかった」と、続ければ続けるほど成果を実感する方が増えています。

皆様から口々にそういう声をいただくことが多いので私もこれまで苦労したことが報われたのを感じます。

お客様からも、「こういった会に定期的に参加できるのは嬉しい、楽しい」というお声をいただいています。

もしあなたともご縁がありましたら、ぜひ交流会でお会いできることを楽しみにしております。

あとがき

証券会社や銀行での資産運用について、本音を思う存分書かせていただきました。

証券業界の中では常識とされているが、世間からみたら顧客に対して不誠実なことが数多く存在しています。

この証券業界の非常識を変え、正しい仕事で顧客も社員も幸せにできることを証明するために起業しました。


起業を決意したあの日から12年が経ちました。

その時に想像した未来を、はるかに超える成長を遂げることができました。

まさか自分が400人以上のメディアや業界関係者の前で講演を行ったり、たった7年で全国6カ所の支社を構えるようになるとは、当時は思ってもいませんでした。

次の5年、10年で更にどのような成長をすることができるのか、どんな未来が待っているのか、今からとても楽しみです。

「家族に自信と誇りを持って勧められる商品・サービスだけを提供する」という弊社の企業理念は、幸い非常に多くの顧客や社員から支持を受けることができました。

実は私は証券会社勤務時代に、父と祖母から資産運用の相談を受けたことがあったのですが、その時は口座開設を断りました。

いずれ転勤になることが分かっているため、家族の資産を守れる自信がなかったためです。

その後起業したのちに、再度父と祖母から資産運用の相談を受けました。

今度は胸を張って「任せてくれていいよ」と言うことができました。

そして弊社では顧客に対しても、家族に対して行うアドバイスと全く同じアドバイスを行っています。

「顧客と正直に向き合い、長く責任あるアドバイスを提供したい」と考え、それを実現する理想の会社を創ることができたのです。

これからも1人でも多くの顧客に、心から信頼できるアドバイザーとの出会いを届けていきたいと思います。

そして1人でも多くの社員に、心から誇れる仕事との出会いを届けていきたいと思います。

最後に1つだけお願いがあります。

この本を読み、「読んで良かった！」と感じる部分がありましたら、ぜひ家族や友人に本書をご紹介ください。

本書の内容を知っているか、知らないかで大きな違いが生まれます。

あなたのひと言で助かる人がきっといます。

周りで資産運用をされている方や、関心をお持ちの方がいらっしゃいましたら、ぜひ本書を紹介していただけると幸いです。

謝辞

この本は多くの方の支援のお陰で世に出すことができました。
顧客インタビューの掲載を快諾いただきました鵜飼一嘉様、齊藤豪様、小嶋悠美子様、塩野善男様、野沢秀雄様、安本寅済様。また弊社ですでに資産運用をされている多くのお客様。様々な分野のプロフェッショナルとして弊社を助けていただいているお取引先の皆様。そして日々「正しい仕事で人を幸せにする」を実現するために共に働いている全役職員。全ての関係者の方に改めて、心から感謝申し上げます。

２０２１年６月

友田行洋

【装丁・本文組版】
星島正明

友田行洋（ともだ・ゆきひろ）

アンバー・アセット・マネジメント代表取締役社長、（公社）日本証券アナリスト協会認定アナリスト。

東京理科大学卒業。新卒で入社した証券会社で個人向け資産コンサルタントとして従事するが、営業方法について疑問に感じることが増える。中立的な立場から一貫した責任あるアドバイスを本音で提供したいと考え、2014年、個人投資家側に立った中立的な資産運用アドバイザリー会社を立ち上げる。

創業以来89カ月連続顧客数が増加、同社が仲介する預り資産260億円超。金融庁が毎年基調講演を行う日本独立金融アドバイザーフォーラムに3年連続有識者として登壇し、日本の中立的な資産運用アドバイザリー会社の手本とされる。日経新聞などメディアが主催するイベントでも多数講演し、業界の拡大を先導している。

「正しい仕事」「自分の家族に誇りを持って勧められるアドバイス」だけを提供し、顧客も社員も幸せになれる日本一の金融機関創造へ向けて全力を尽くしている。

“投資信託・ファンドラップ・債券・株”
損をする本当の理由と賢い選び方
証券会社出身者が教える資産運用の真実

令和3年9月16日　第1刷発行

著　　者　友田行洋
発 行 者　皆川豪志
発行・発売　株式会社産経新聞出版
〒100-8077 東京都千代田区大手町1-7-2 産経新聞社8階
電話 03-3242-9930　ＦＡＸ 03-3243-0573
印刷・製本　株式会社シナノ
電話 03-5911-3355

ISBN978-4-86306-157-6 C0033
